제주의 바다

제주학회 제주학총서 ❹

제주의 바다

정광중 | 강만익 | 고은희 | 강원식 | 강수경 | 홍현기 | 김병훈 | 현지연 지음

제주학회는 제주학의 네 번째 총서로 『제주의 바다』를 발간한다. 지난 세 번째 제주학총서인 『물을 품은 제주섬을 말하다』를 발간하면서 담지 못한 제주의 바다에 관한 이야기를 이번 네 번째 총서에 담아 보고자 하였다.

"물로야 뱅뱅 돌아진 섬에"로 시작하는 제주의 대표 민요인 '이어도사나'에는 바다와 더불어 살아온 제주인의 정서가 담겨 있는데, 이처럼 제주도의 역사는 바다를 떠나서 말하기가 힘들다. 제주의 신화와 전설에도 제주의 바다와 관련된 이야기가 자주 등장하고, 제주의 마을들과 사람들도 바다를 끼고 삶의 터전을 확장해 왔다. 이처럼 제주의 바다는 제주의 모든 것을 담고 있다.

이번에 간행되는 제주학총서 『제주의 바다』에는 인문학, 자연과학의 다양한 전문가들이 집필에 참여하였다. 바다와 더불어 살아오면서 만들어낸 바다에 대한 인식과 신앙, 생업양식과 문화경관, 제주인이 개척한 뱃길 등을 비롯하여 제주의 염지하수, 어패류와 같은 수산자원에 대한 논고들이 수록되어 제주 바다에 대한 이해의 폭을 넓혀 주고 있다.

정광중과 강만익은 "제주도 염전의 성립과정과 소금생산의 전개"에서 제주 지역의 염전을 대상으로 성립과정과 변화, 소금의 생산 형태 및 생산도구, 소금의 판매 지역과 방법의 논의를 통해 당시 제주 지역의 성격과 제주 주민들의 생활경제의 일 단면을 해석해 보고자 하였다.

강수경은 "제주도 해녀의 바다밭 지식 형성과 전승 양상"에서 기존의 해녀에 관한 조사 · 연구 자료를 토대로 해녀의 면담자료를 적극적으로 활용하여 제주 해녀의 실질적인 물질 방식을 이해하고 그들의 인식을 살피는 데 도움이 되고자 하였다.

강원식은 "제주의 뱃길"에서 오랜 역사적 과정 속에서 제주인이 바다를 항해하는 도전정신을 가지고 바다를 개척해 왔던 제주 바다의 항로 역사를 서술하였다.

고은희는 "제주도의 염지하수"에서 염지하수에 대한 정의 및 기원, 제주도 염지하수 부존형태, 수질특성, 영향인자 및 염지하수 개발과 이용현황에 대해서 다루었다.

홍현기는 "제주의 이매패류"에서 제주 연안에 서식하는 이매패류(좌우대칭 두 개의 껍데기를 가지고 있는 이매패강에 속하는 연체동물)에 대해 서술하고 있으며, 마지막으로 김병훈과 현지연은 "제주도를 대표하는 물고기들"에서 제주 지역에서 오랫동안 즐겨 먹던 주요 수산자원을 다루고 있다.

학문 연구에 바쁜 와중에도 『제주의 바다』를 간행하는 데 협조해 주신 집필자 선생님들께 심심한 감사의 말씀을 드린다. 이번에 간행되는 총서가 제주 바다의 과거를 이해하고 현재의 모습을 살피며 미래를 전망할 수 있는 하나의 초석이 되리라 기대한다.

마지막으로 수년간에 걸쳐 제주학회에 재정적 지원을 해 주고 있는 오리온재단에 깊은 고마움을 표한다. 이번의 총서도 오리온재단의 출판비 지원으로 간행될 수 있었다. 아울러 총서 발간의 기획과 실무를 맡아 주신 사단법인 제주학회 허성표 연구위원장과 관련 위원분들께 감사의 말씀을 드린다.

2024년 2월
사단법인 제주학회 회장 오상학

목차

책을 내면서   4

정광중 · 강만익 ⁓⁓⁓ 제주도 염전의 성립과정과 소금생산의 전개   9
                    – 종달염전과 일과염전을 중심으로

고은희 ⁓⁓⁓ 제주도의 염지하수   51

강원식 ⁓⁓⁓ 제주의 뱃길   93

강수경 ⁓⁓⁓ 제주도 해녀의 바다밭 지식 형성과 전승 양상   149

홍현기 ⁓⁓⁓ 제주의 이매패류   179

김병훈 · 현지연 ⁓⁓⁓ 제주도를 대표하는 물고기들   201

정광중 · 강만익

제주도 염전의 성립과정과
소금생산의 전개

– 종달염전과 일과염전을 중심으로

• 정광중 제주대학교 교육대학 교수

• 강만익 제주대학교 탐라문화연구원 특별연구원(한국 근대사/문학박사)

이 글은 두 저자가 1997년 제주대학교 탐라문화연구소(현, 탐라문화연구원)에서 발행하는 『탐라문화』(제18호, 351~379쪽)에 발표한 글이다. 원논문을 책자용 원고로 재사용하기 위하여 일부 내용을 삭제함과 동시에 새롭게 편집·구성하였음을 밝힌다.

Ⅰ. 서론

1. 연구목적

일정 지역에서 이미 사라진 문화경관에 관한 연구는 과거라는 시간 속에서 인간이 창조했던 생활무대의 일부분을 이해할 수 있다는 점에서 중요한 단면을 제공한다. 이러한 의미에서 본다면, 제주도의 염전(소금밭)은 조선시대에 해안 지역을 중심으로 형성되었다가, 1950년대를 전후하여 완전히 소멸해 버린 문화경관으로서의 특징을 지니고 있으며, 따라서 제주 지역의 염전 연구를 토대로 염전의 성립과 변화과정을 이해하고, 임해 지역의 개척과정 및 당시의 토지이용 등을 파악하는 것은 섬이라고 하는 제주도의 환경조건과 경제활동의 일 단면을 고찰해 볼 수 있는 좋은 기회가 된다. 결국, 이러한 일련의 과정은 지리학에서 중요시하는 인간과 환경 간의 상호관련성을 인식하는 데에도 다소나마 도움을 줄 것으로 생각된다.

현재 제주도 내의 일부 노년층을 제외하면, 1950년대 초까지도 제주도 내의 일원에서 소금을 생산했었다는 사실을 알고 있는 사람들은 거의 없다. 그만큼 제주도 내 소금생산의 역사는 잊힌 과거사로 퇴색돼 가고 있는 것이 현실이다. 지방자치제가 뿌리를 내린 현시점에서 과거의 역사를 정립하고 동시에 잃어버린 경관을 복원하고 기술하는 작업이야말로 우리의 존재와 삶을 다시 한번 확인함과 동시에, 머지않은 미래의 삶의 방향성을 타진해 보는 데도 중요한 일이라고, 필자들은 확신한다.

소금의 생산은 우리나라의 경우 지질 구조상 호염(湖鹽)이나 암염(岩鹽)과 같은 육염(陸鹽)이 생산되지 않았던 관계로 일찍부터 해수를 이용한 해염(海鹽)이 주를 이루게 되었다. 이러한 생산 형태는 여러 나라에서도 일반적으로 행해지는 형태의 하나로서, 해수를 가마솥에 넣어 화력을 이용하거나 염전에서 일광에 의한 해수의 증발 과정을 통해 소금을 얻는 방법이었다.[1] 부언하자면, 전자는 가마솥에서 해수를 직접(海水直煮法) 또는 염전에서 농축된 함수(鹹水)를 가열하여 만드는 전오염(evaporated salt)[2]으로서, 이 방법은 강렬한 태양열을 연중 얻을 수 없고 풍수해가 발생하는 기후풍토 아래에서 형성된 것이다.[3] 후자는 태양열과 바람을 이용해 수분을 증발시킴으로써, 염전에 직접 소금이 침전되도록 하는 천일염(sundried salt)이다.[4]

전오염의 생산은 반도부의 해안지방을 중심으로 행해지고 있었으나, 1908년경 인천 지역(朱安)에 처음으로 천일염 염전이 성립되면서 1950년대를 전후하여 중단되었다. 배경에는 전오염이 천일염에 비해 높은 연료비 때문에 생산비가 많이 들었으며, 더욱이 산림 보호를 위한 벌목금지정책(1961년 전후)으로 인해 연료 확보가 어려워진 것이 큰 요인으로 작용하였다. 이러한 소금생산 체제의 변화는 금세기에 다시 재현되려는 양상을 보인다. 즉 1950년대 이후에 천일염과 정제염이 국내의 수요를 충당해 왔으나, 최근에 이르러 생산에 필요한 인력난이 극심한 데다, 공업용 원자재로만 들여오던 국내의 소비시장에 저렴한 식염(食鹽)도 수입될 예정이어서 염전 폐업은 더욱 가속화될 전망이다.

---

1   Sir D. Stamp, 1977, 『*The World*』, 19th ed., Longman, 61쪽.
2   전오염(煎熬鹽)이라는 용어 외에도 자염(煮鹽) 또는 화염(火鹽)이라는 용어도 사용한다.
3   한인수, 1979, "우리나라 제염업의 전개과정 소고", 『청파 노도양박사 고희기념 논문집』, 169쪽.
4   권혁재, 1993, 『한국지리』, 법문사, 269~270쪽.

이러한 상황 속에서도, 아직도 서남해안 지역에서는 천일염 생산을 전업으로 삼고 있는 농어가들이 상당수 존재하고 있는 것이 사실이다. 따라서 과거로부터 생활필수품으로 중요시되었던 소금이 어떠한 지리적 환경하에서 생산되었고, 어느 정도의 지역적 범위 내에서 소비되었는가 하는 일련의 과정을 검토하는 것은 현재를 심도 있게 이해할 수 있는 지름길이 되리라 생각한다. 이러한 입장에서, 비록 현재는 제염 활동이 중단된 지역이지만, 제주도의 전오염 생산사례를 토대로 염전의 형성과 변천 과정, 제염 방법 및 제염 도구 등의 복원과 기술을 통하여 염전의 실체와 당시의 지역적 제 조건을 구명하는 것이 본 연구의 목적이다. 이를 위하여 첫째로, 제주도 염전의 성립 시기와 입지 조건 및 분포 특성을 검토한 후 둘째로, 소금생산에 대한 방법을 통하여 여기에 투영된 지역 조건(local conditions)의 특성을 밝히며, 셋째로, 제염 과정에서 사용된 각종 도구의 형태와 기능을 복원한다. 넷째로는 소금판매의 특성을 지역별 소금 장수(鹽商)의 활동 사례를 통하여 분석하고자 한다.

2. 연구 동향과 연구 방법

염전 혹은 제염에 관한 연구는 염전을 구조적인 측면에서 접근하여 그 구성요소를 해명하거나 제염 과정에서 나타나는 제염법 또는 소금의 유통과정을 파악한 연구로 구분할 수 있다. 특히 후자가 연구의 중심을 이루고 있는데, 이들 연구는 국내에서 생산된 전오염과 천일염의 제염법, 나아가 소금의 유통과정 등을 지리학적인 측면에서 접근한 것이 특징이다. 우선, 전오염과 관련되는 대표적인 연구로서 김일기는 곰소만을 사례로 소금생산의 입지 조건, 제염과정 및 제염 도구를 역사 지리적인 관점에서 분석한 후,[5] 이어서 서

---

5   김일기, 1988, "곰소만의 어업과 어촌연구", 서울대학교 박사학위논문.

해안의 남양 · 인천 · 서산 · 부안 · 영광 염전과 동해안의 강릉 · 삼척 · 울진 염전을 토대로 입지 조건과 제염법을 상대적으로 비교함으로써,[6] 동 · 서해 안 지역에 대한 소금생산 방법과 제 조건을 체계적으로 분석하였다. 그렇지 만 분석 시점과 관련하여 남해안 지역과 도서 지역의 제염 상황에 대해서는 연구 대상에서 제외되었다.

김재완은 한강 유역을 경기만 연안 지역, 남한강 유역, 북한강 유역으로 구분하여 조선 후기의 소금생산과 유통과정에 대해 분석함으로써,[7] 서해안 과 동해안 지역에서 생산되었던 소금의 유통권과 거래량 등을 추정하는 데 면밀함을 보이고 있다. 타 학문 분야에서는 최성기가 동해안의 영해(寧海) 지 방을 사례로, 조선시대 자염(煮鹽)의 자연적 조건과 생산방법 및 생산도구에 대하여 분석하였으며,[8] 김호종도 조선 후기의 전오염 생산에 필수 불가결한 연료 문제와 염전의 경영실태 그리고 어염(魚鹽)의 유통 상황을 중심으로 분 석하였다.[9]

한편, 천일염에 관한 연구 중에서 정명옥은 경기만의 남동 · 소래 염전을 사례로 염전의 입지 및 제염과정을 분석대상으로 하여 경기만 지역의 소금 생산 구조에 대해 해명하였으며,[10] 노원기는 전남 진도에서의 천일염의 도입 시기 및 제염과정 등을 분석하였다.[11] 서일석은 경기도 남양만의 간척지 상

6　김일기, 1991 "전오염 제조법에 관한 연구", 『문화역사지리』 3, 1~18쪽.

7　김재완, 1992 "조선후기 염의 생산과 유통에 관한 연구", 『지리학논총』 19, 29~47쪽.

8　최성기, 1985 "조선시대 염전식 자염", 『안동문화』 6, 57~83쪽.

9　① 김호종, 1984 "조선후기 제염에 있어서 연료문제", 『대구사학』 26, 147~175쪽. ② 김호종, 1986, "조선후기 어염의 유통실태", 『대구사학』 31, 109~138쪽. ③ 김호종, 1988, "조선후기의 염업 경영실 태", 『역사교육논집』 12, 101~139쪽.

10　정명옥, 1986 "경기만의 천일제염업-남동, 소래염전을 중심으로-", 고려대학교 석사학위논문.

11　노원기, 1992 "진도의 수산업과 어촌연구", 고려대학교 석사학위논문.

에 조성된 염전 취락의 형태와 구조에 초점을 두면서도, 개별 농어가의 염전 이용에 대하여 분석함으로써,[12] 염전 농어가의 특성과 염전 이용을 구조적으로 접근하려는 입장을 취하였다. 그리고 한인수는 구한말 이후 일제하의 제염실태를 보고하고 있는데, 여기에서 그는 천일염전의 축조 상황과 제염 방법을 상세히 거론하고 있다.[13]

이상과 같은 연구들은 특히 반도부의 어업과 촌락의 변천을 분석하는 과정에서, 소금생산 그 자체가 어업의 성격이나 촌락의 특성을 변화시키는 데 많은 영향을 주었다는 공통된 입장을 보이는 것이 특징이다. 나아가 주요 분석대상도 특정 염전을 통한 제염과정, 제염 도구 및 유통과정에 초점을 두고 있다는 점에서, 소금의 공급과 수요의 측면은 상당히 광범위한 지역 내에서 행해졌다는 사실을 시사하고 있다.

그러나 반도부로부터 완전히 격절된 도서 지역의 경우, 자체적인 소금생산과 공급의 형태가 현저하게 다르게 나타날 수 있다는 점을 전제할 때, 이상에서 지적한 연구 성과로부터 도서 지역의 성격이 충분히 반영된 소금생산의 지역적 의미를 파악하기에는 부족한 점이 많다.

제주도의 염전에 관한 연구는 고광민의 민속학적인 입장에서 접근한 일련의 연구가 있다.[14] 그는 먼저 도내의 염전 중에서도 구엄·시흥·태흥 마을을 선정하여 사례적인 접근을 시도하였으며, 이어서 『한국수산지』(제3집)에 기록된 23개 염전 마을에 대해서도 개략적이지만, 현지 조사 또는 간접조사를 통해 얻은 정보를 바탕으로 제염 사실과 그 과정을 상세히 기술함으로

---

12 서일석, 1986, "남양만 간척지의 염전이용과 취락구조에 관한 연구", 동국대학교 석사학위논문.

13 한인수, 1977, "한말이후 일제하의 우리나라 제염업의 실태", 『응용지리』 1(3), 34~53쪽.

14 ① 고광민, 1994, "생업문화유산"(한국이동통신제주지사, 『제주의 문화유산』(제주편 ①)), 131~174쪽.
    ② 고광민, 1997, "제주도 소금밭", 『제주도』 100, 164~178쪽.

써, 과거 도내의 제염에 대한 역사를 이해하는 데 중요한 기초자료를 제공하고 있다. 다만 염전의 입지와 분포 특성 및 소금판매의 지역성 등에 대해서는 충분히 거론하지 못하였다.

본 연구에서는 선행연구를 보완한다는 관점에서 역사적 증거, 경관적 특성, 지도 및 과거 기록 등에 의존하여 지표 현상의 변천을 연구하는 역사 지리학적 측면에서[15] 염전의 실태를 분석하며, 특히 지역적인 특성을 비교한다는 측면에서 대표적인 제염 마을을 연구대상으로 선정하였음을 밝혀둔다. 본 연구의 목적을 달성하기 위하여, 전오염 생산 염전을 성립기(조선시대), 발전기(일제강점기), 쇠퇴기(해방 이후)로 구분하여 기술하였으며, 기존의 연구물을 토대로 문헌 연구와 현지 조사를 단계적으로 실시하였다.

조선시대의 염전에 대해서는『탐라지(耽羅誌)』,『신증동국여지승람(新增東國興地勝覽)』,『제주풍토록(濟州風土錄)』,『남사록(南槎錄)』,『남환박물(南宦博物)』,「정의군지도(旌義郡地圖)」등의 지리지와 고지도 및『속음청사(續陰晴史)』에 기록된 내용을 기초로 염전의 성립 시기와 위치를 분석하였다. 일제강점기의 염전에 대해서는『한국수산지(韓國水産誌)』(第三輯)와『제주도세요람(濟州島勢要覽)』,『제주도편람(濟州島便覽)』,『생활실태조사(生活實態調査)』(其二) 등을 토대로, 소금 생산 마을, 생산면적 및 생산량 등을 파악하였다. 아울러 최근 각 마을에서 제작된 향토지들은 소금의 생산단계에 대한 수정과 함께 생산도구의 형태 및 규격 등을 파악하는 데 유용하게 활용하였다.

자료의 한계를 보완하기 위하여 현지 조사를 수차례에 걸쳐 실시하였다. 조사 지역은 제염지와 소금 생산량이 구체적으로 기록된『한국수산지』(제3집)를 바탕으로 하여, 비교적 생산량이 많으며 도내에서도 염전의 성격을 대

---

15   W. Norton, 1984,『*Historical analysis in geography*』, Longman, 39쪽.

표한다고 판단되는 지역을 선정하였다. 구체적으로 지적하면, 구좌읍 종달리(終達里)와 대정읍 일과리(日果里) · 동일리(東日里)이다. 현지 조사 과정에서는 사진 촬영과 함께 1:25,000, 1:5,000 지형도를 바탕으로 구체적인 염전의 위치와 범위를 확인함과 동시에, 소금생산에 참여하였던 촌로들로부터 제염과정, 판매 지역 및 판매 형태 등을 청취하였다.

II. 제주도 염전의 성립과 변천 과정

1. 성립기의 염전

염전은 해수를 원료로 하여 소금을 생산하는 공간으로 토지와 해양을 생업 기반으로 하는 어촌의 구성요소이다.[16] 이러한 염전은 강수일수가 적고 사빈이 발달하며, 연료가 풍부한 지역에 입지하는 것이 일반적이다.[17] 그러나 제주도의 경우 강우일이 많고 지형적으로 만입 부분이 적은 데다, 하천으로부터 다량의 모래를 공급받는 전형적인 사질 해안이 발달하지 못하여, 반도부와는 달리 염전 형성이 상당히 불리한 편이다.

『탐라지(耽羅誌)』(1653)에 의하면 "바닷가가 대개 바위로 되어 있고, 염분이 있는 땅이 극히 적으며, 무쇠(水鐵)가 생산되지 않아 가마솥을 갖지 못한 사람이 많아서 소금이 귀하다"고 하였다.[18] 이것은 전오염 제조에 필수적인 염부(鹽釜)의 재료가 중요하다는 사실과 함께, 암석해안이 많고 간석지가 발달하지 않았다는 자연적인 조건이 적당치 않아, 염귀현상(鹽貴現象)이 발생했다는

---

16 강만익, 1993, "도서지방의 어촌에 관한 연구", 동국대학교 석사학위논문, 1쪽.

17 龜井千步子, 1979, 『鹽の民俗學』, 東京書籍株式會社, 76쪽.

18 李元鎭(1653), 『耽羅誌』(탐라문화총서(9), 1991, 제주대학교 탐라문화연구소), 19쪽.

것을 의미한다. 또한, 『제주풍토록(濟州風土錄)』(1520)[19]과 『조선왕조실록(朝鮮王朝實錄)』 중 「선조실록(宣朝實錄)」(1571)[20]에서도 "해염(海鹽)을 얻고자 하나 물이 싱거워서…"라고 기록되고 있는 사실은 결국 해수의 염분농도가 낮아 소금 생산이 힘들었음을 시사하고 있는 것이다. 이러한 사실로 유추할 때, 당시에 섬 안에서 자급할 수 없었던 소금은 본도에서 생산되는 말(馬), 말총(馬尾), 귤 및 해산물 등을 반도부의 소금과 교환하여 사용하였음을 짐작게 한다.[21] 그리고 자연재해나 흉년이 발생했을 때 관(官)으로부터 상선이나 관선을 이용하여 구황염(救荒鹽)을 보내왔다는 사실도 도내의 소금생산이 어려웠음을 단적으로 나타내 주는 것이라 할 수 있다.[22]

그러면, 제주도에서는 언제부터 염전이 성립되었을까? 본도의 염전은 해안 지역에 촌락이 성립된 후 해안 지역이 개척되는 과정에서 성립되었다고 볼 수 있으며, 다음의 여러 문헌 기록을 통해서 볼 때, 그 성립 시기는 16세기 이후로 추정된다. 먼저 『신증동국여지승람』(1531)의 제주목(濟州牧) 토산조(土産條)에는 소금이 토산물로 기재되어 있으며,[23] 『남사록(南槎錄)』(1602)[24]에서는 "일찍이 『충암록(冲庵錄)』(1520)을 보니…, 서해와 같이 전염(田鹽)을 얻고자 하여 물을 떠다가 졸여도 소금을 만들지 못하여…, 강여 목사(姜侶 牧使)는 해변의 노지(鹵地)를 보고, 도민들에게 반도부 해안지방의 해염 생산법을 가르쳐 소금을 만들게 하였으며, 부족분은 남해안의 진도(珍島)와 해남(海南) 등지

19   金淨(1520), 『濟州風土錄』(『탐라문헌집』, 1976, 제주도교육위원회), 12쪽.
20   김봉옥(편역), 1986, 『朝鮮王朝實錄 中 耽羅錄』, 제주문화방송, 353쪽.
21   송성대, 1996, 『제주인의 해민정신-정신문화의 지리적 요해-』, 제주문화, 173쪽.
22   ① 김봉옥, 1987, 『제주통사』, 제주문화, 152~153쪽. ② 金奉玉(편역), 1986, 전게서, 93쪽, 102쪽.
23   민족문화추진회(편), 1970, 『新增東國輿誌勝覽』 38, 濟州牧 土産條, 103쪽.
24   金尙憲(1602), 『南槎錄』(김희동(역), 1992, 영가문화사, 68~69쪽). 여기에 등장하는 강여 목사는 조선 선조 때의 인물로, 재임 기간은 1573년 6월부터 1573년 10월까지로 알려지고 있다.

에서 구입해 왔다"라고 기록하고 있다. 아울러 『남환박물(南宦博物)』(1704)[25]에서도 이형상 목사가 반도부에서 들여온 철 4,000여 근으로 철부(鐵釜) 3개를 제작하여 제주에 두 가마, 대정에 한 가마를 주어 소금을 만들게 하였다는 기록이 보인다. 따라서 대략 16~18세기 사이에 도내에서도 초보적인 단계의 제염이 시작되었다고 유추할 수 있다.

이상의 문헌 중에서도, 염전이라는 명칭이 나오는 고문헌은 『남사록』과 『남환박물』이다. 『남사록』에는 "自別防至旌義 其間有鹽田數處⋯環海七處有鹽盆⋯"[26]이라 하여, 별방(현재의 구좌읍 하도리 일대)에서 정의현까지의 해안에 염전이 존재하였으며, 또한 해안을 따라 염분(鹽盆)[27]이 일곱 군데 있다고 기록되어 있다. 따라서 이들 문헌이 집필될 당시에는 이미 본도에서도 제염 활동이 시작되었음을 인정할 수 있다. 그런데 별방과 정의라는 지명이 구체적으로 등장하고 있음은 염전 형성과 관련된 장소를 유추하는 데 큰 단서를 제공하고 있어서 주목된다. 즉 별방과 정의는 현재의 구좌읍, 성산읍, 남원읍 일대가 되기 때문에, 결국 본도에서 성립된 최초의 염전지대는 동부 지역에 존재하고 있었음을 알 수 있다. 또한 『남환박물』에서도 "旌義有鹽田一處所煮甚些"라 기록하고 있어서,[28] 정의현에 염전이 위치하고 있었음을 재확인할 수 있는 근거가 되고 있다.

한편, 염전이 성립된 지역은 고문헌이 시사하는 바와 같이 동부 지역이라고 하더라도, 더욱 구체적인 마을 단위의 지명은 언급되고 있지 않다. 그러나

---

25 한국정신문화연구원, 1979, 『耽羅巡曆圖·南宦博物』, 121쪽.

26 김희동(역), 1992, 전게서, 69쪽.

27 염분(鹽盆)이란 보통 제염장에 있어서 염(鹽)을 전오하는 염부(鹽釜)를 칭하지만, 때에 따라서는 염전 및 기타 제염장에 속하는 설비 전체, 즉 소금 제조의 한 단위를 말하기도 한다.

28 한국정신문화연구원, 1979, 전게서, 121쪽.

전술한 고문헌이나 그 이후의 사료에 기초하면, 도내 최초의 염전은 종달리 해안 부근으로 판단된다. 이것은 고지도를 통해서도 간접적인 유추가 가능하다. 즉, 1899년(광무 3)에 편찬된『정의군읍지(旌義郡邑誌)』내의「정의군지도(旌義郡地圖)」를 보면, 오직 종달리 해안 부근에만 '鹽田(염전)'이라고 표기되어 있으며, 같은 시기의「대정군지도(大靜郡地圖)」(1899년)에는 '鹽田(염전)'이 전혀 표기되어 있지 않다. 또한『정의읍고지(旌義邑古誌)』(1899년)에 삽입된「정의지도(旌義地圖)」에서도 종달리 해안과 보한리(현, 남원읍 태흥리) 포구에 '鹽田(염전)'이 존재하고 있었다는 기록[29]들은 종달리 부근에 최초로 염전이 성립되었을 가능성을 대변하고 있다(그림 1).

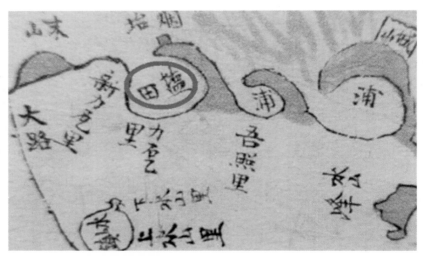

(末山: 구좌읍 종달리 지미봉, 力乧里: 성산읍 시흥리)

[그림 1]「정의지도(旌義地圖)」(1899)에 나타난 '염전(鹽田)'

---

29   ①『旌義郡邑誌』,「旌義郡地圖」, 1899, 서울대 규장각 소장. ②『大靜郡邑誌』,「大靜郡地圖」, 1899, 서울대 규장각 소장. ③ 濟州道民俗自然史博物館, 1996,『濟州의 옛 地圖』, 50~61쪽.

제주 섬으로의 제염법 전수는 반도부에서 건너온 염한(鹽漢)이 담당하였을 것으로 추측된다.[30] 이러한 사실은 만성적으로 소금이 부족한 지역의 문제를 해결하기 위하여, 관이 직접 공염(公鹽) 생산에 참여했던 염한들을 불러들여 제염법을 전수하려는 노력이 있었음을 여러 단편적인 기록에서 확인할 수 있다.

소금생산과 관련하여 본도에서도 생산자를 대상으로 일시적으로 염세(鹽稅)를 징수한 사실이 있었다. 섬 지역인 경우는, 철부(鐵釜)를 분급하여 제염하게 한 다음 수세하는 정책을 시행하였는 바[31] 염세는 염부(鹽釜)의 크기, 염전의 토성, 연료용 땔감의 수급, 소금판매의 배경이 되는 어장과 장시(場市)와의 관계를 고려하여 부과하였다.[32] 제주도에서도 염한인 경우 관에서 공급받은 가마솥을 이용하여 제염한 때에는 한 달에 소금 두 말을, 그리고 본인 소유의 가마솥으로 제염한 경우는 한 달에 한 말의 염세를 납부해야 했다.[33] 이는 본도로 유배 온(1897-1901) 김윤식의 『속음청사』에서 "종달리와 시흥리의 포구에 소금을 만드는 염호(鹽戶)가 있으며, 내장원(內藏院)의 훈령에 따라 도내의 어장 및 염부를 조사하여 세금을 거두어들였다"[34]라고 한 것에서도 입증된다.

2. 발전기의 염전

16~18세기에 성립된 본도의 염전은 구한말 이후 일제강점기 동안에 지

---

30 한국정신문화연구원, 전게서, 121쪽. 염한은 염정(鹽丁), 염한(鹽干), 염호(鹽戶)로 불리는 사회적 지위가 낮고, 소금생산에 직접 참여하여 매년 일정액의 염세를 신역(身役)으로 부담하는 신량역천(身良役賤)의 신분이었다.

31 류승원, 1979, "조선초기의 염간",『한국학보』17, 49쪽.

32 김일기, 1991, 전게 논문, 3쪽.

33 李元鎭, 1991, 전게서, 77쪽. 鹽漢給官釜者 月收二斗 私釜則收一斗.

34 金允植,『續陰晴史』, 卷10(上)(김익수 역, 1996, 제주도문화원, 231쪽).

역적으로 확산한 것으로 추정된다. 이러한 근거는 조선시대 말엽에도 불과 몇 개에 지나지 않던 염전이 일제가 발행한 『한국수산지』(제3집)에는 23개소로 확산되고 있다는 사실에서 인정된다.

이처럼 염전이 지역적으로 확산한 배경은 당시의 지리적인 여건을 토대로, 다음과 같은 관점에서 해석할 수 있다. 첫째로, 본도가 섬이라는 격절성 때문에 고도의 자급적인 생활 태도가 필요했다는 점이다. 물론 이 점은 소금에만 국한된 것은 아닐 것으로 생각된다. 둘째로, 농업생산의 확대 및 인구의 점진적 증가라는 사회적 · 경제적 측면도 무시할 수 없을 것이다. 셋째로는, 해안 지역을 관통하는 신작로가 1915년을 전후하여 개설됨에 따라 주거지의 공간적 확산은 물론 어업기능이 강화된 취락들이 다수 등장했다는 사실이다. 특히 도내에 산재하는 여러 취락들 중에서도 포구 촌락에서는 새롭게 개설된 일주도로를 연결점으로 하여, 중산간지대의 여러 취락들을 판매대상으로 삼는 데 유리한 조건을 지니고 있었다. 거기에다 포구 촌락의 어가(漁家)들은 원지역(중산간지대)까지 어개류를 판매하기 위한 수단으로서 염장의 필요성을 더욱 느끼지 않을 수 없었다. 포구 촌락을 중심으로 제염이 확산하였다는 사실은 잔존하는 여러 지명을 통해서 간접적으로 파악할 수 있는데, 이를테면 서귀포시 하효동의 염포(鹽浦),[35] 조천읍 신흥리의 염전동(鹽田洞)과 염전보(鹽田堡),[36] 성산읍 오조리 · 안덕면 화순리의 소금막[37] 등은 대표적인 것들이다.

[그림 2]는 1910년을 전후한 시기의 본도 염전에 대한 지역적 분포를 나타낸 것이다. 이미 전술한 것처럼, 『한국수산지』(제3집)에 기술된 23개의 염

---

35 제민일보, 1994년 3월 29일 자, 「제주의 포구」(90).

36 조천읍 신흥리사무소 소장, 『新興里誌』, 上(一), "井泉, 堡."

37 오성찬, 1992, 『제주토속지명사전』, 민음사, 25~78쪽.

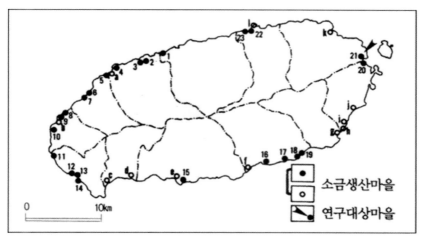

[그림 2] 일제강점기 제주도 내의 염전분포

전을 위시하여 기타 자료에 기술된 12개의 염전까지 합하면 도내에는 대소 35개의 염전이 존재하고 있었다. 그러나 기타 자료에 기술된 12개 염전의 경우는 생산면적과 생산량에서 극히 미미했던 것으로 생각되며, 결과적으로 판매를 전제로 한 생산단계까지는 이르지 못한 것으로 추정된다. 따라서 여기서는 『한국수산지』(제3집)에 기록된 23개의 염전만을 대상으로 지역적 분포 특성을 분석하고자 한다.

총 23개의 염전을 당시의 행정구역별[38]로 검토해 보면, 제주군(濟州郡, 이

---

38   제주 지역에 제주군, 대정군, 정의군의 3군 12면제가 실시된 것은 1906년으로 1913년에는 추자도

하 제주 지역이라 함)에 56%인 13개의 염전이 분포되어 있었고, 대정군(大靜郡, 이하 대정 지역)과 정의군(旌義郡, 이하 정의 지역)에 각각 5개의 염전이 입지하여, 염전분포의 남북 차를 보인다. 이처럼 염전분포의 지역 차가 발생하는 가장 큰 이유는 염전 조성이 가능한 해안지형의 존재 여부와 깊게 관련된다. 그리고 지역 간 배후 인구의 크기나[39] 농어업 활동의 차이에서도 정도의 차는 있다 하더라도 영향을 받았다고 보아야 할 것이다. 결과적으로, 본도의 행정·경제의 중심지였던 제주 지역에 대소의 염전들이 집중되는 현상을 보이고 있는 것이다.

한편, 제주도 내의 해안 지역에 입지한 여러 포구 촌락에서는 생계 활동에 필수적인 소금을 안정적으로 확보하기 위하여 자체적으로 여러 방안을 검토할 만한 상황에 직면해 있었음은 충분히 미루어 짐작할 수 있다.

따라서 염전 조성이 가능한 포구취락을 중심으로 소규모이긴 하나, 지역적으로 확산되어 나갔으며 염전 조성이 불가능한 지역에서는 소금 장수(鹽商)로부터 직접 구입하여 소비하였다.[40]

를 제주도에 귀속시켜 추자면으로 하였으며, 3군제의 폐지에 따라 대정군과 정의군을 제주군에 편입시킴으로써, 1군 13면제의 체제를 유지하게 되었다(제주도교육연구원, 1996, 『향토교육자료』, 333~335쪽).

39   일제강점기의 지역별 인구 크기를 보면 다음과 같다.

지역 \ 연도	(A)		(B)		(C)		제주도	
	호구	인구	호구	인구	호구	인구	호구	인구
1911(a)	21,211	105,744	6,215	27,131	7,629	37,961	35,055	170,836
1928(b)	27,144	125,864	6,909	34,526	8,924	46,977	42,977	206,609
1938(c)	31,587	131,115	7,936	32,951	10,157	49,680	49,680	206,651

자료: (a) 大野秋月, 1911(明治 44), 『南鮮寶窟 濟州島』, 52쪽. (b) 朝鮮總督府, 1929(昭和 4), 『生活狀態調査(其二)』, 101~112쪽. (c) 濟州島廳, 1939(昭和 14), 『濟州島勢要覽』, 5~6쪽을 근거로 재편성. (A) 제주군 지역(제주읍, 애월면, 한림면, 구좌면, 조천면, 추자면(b, c에 포함)), (B) 대정군 지역(대정면, 안덕면, 중문면), (C) 정의군 지역(서귀면, 남원면, 표선면, 성산면).

40   일제강점기 제주도 내에는 반드시 제주에서 생산한 소금만 있었던 것은 아니다. 촌로들의 말에 의하

[그림 3]은 소금의 생산면적과 생산량을 지역별로 살피기 위하여 작성
된 것이다. 그러나 1910년경의 자료이기 때문에, 일제강점기를 통틀어서 정
확한 소금의 생산 규모를 파악할 수는 없다. 염전별로 다소의 증감이 있었을
것으로 예상되나, 대략 [그림 3]에 제시한 생산면적과 생산량은 당시의 도내
염전에 대한 규모를 판단하는 데 하나의 기준이 될 것으로 생각한다.

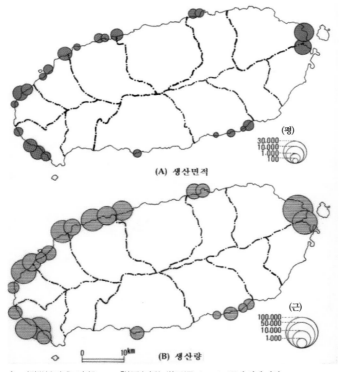

자료: 朝鮮總督府農工商部, 1911,『韓國水産誌』(第三輯), 432~434쪽에 의해 작성.

[그림 3] 1910년경 제주 지역의 염전별 생산면적(A)과 생산량(B)

면, 전라도 지방에서 소금을 들여와 판매하는 상가가 면별로 1~2군데 정도 있었다고 한다.

[그림 3]에 따르면 소금생산은 제주 지역이 대정 지역이나 정의 지역보다 훨씬 우위에 있었음이 확인된다. 이것은 전술한 바와 같이, 상대적으로 염전을 조성할 수 있는 적지(適地)가 많고 관할 범위가 넓으며 더불어 배후의 소비인구가 많았다는 점과 관련된다. 구체적으로 당시의 염전면적과 생산량을 검토해 보기로 하자. 먼저 염전면적을 보면, 제주도의 총 염전면적인 53,059평 중 제주 지역이 33,113평으로 62.4%를 차지하며, 대정 및 정의 지역은 19,946평으로 37.6%를 보이고 있다. 이를 다시 세부적으로 보면, 제주 지역 내에서도 염전면적의 지역 차가 나타난다. 13개의 염전 중에서는 종달(14,357평), 두모(5,560평), 귀덕(4,403평)이 비교적 넓은 면적을 보인다. 대정 지역에서는 동일과(4,428평), 그리고 정의 지역에서는 시흥(8,178평)이 규모 면에서 가장 큰 염전이었다. 개별 염전으로 평가할 때는 종달염전이 14,357평으로 가장 크며, 이어서 시흥과 일과염전이 각각 8,178평과 7,846평으로 그 뒤를 잇고 있다. 특히, 종달염전과 시흥염전은 해안에 넓게 발달한 사빈 이용이 가능하므로, 다른 지역보다도 제염 면적이 넓게 나타나고 있다.

생산량에서는 총 354,326근(약 213톤) 중에서 제주 지역은 244,847근으로 전체의 70%를 차지하면서 대정 지역(26,750근)과 정의 지역(40,979근)을 합한 양보다도 더 많음을 알 수 있다. 개별 염전의 생산량은 생산면적과 동일하게 제주 지역은 종달염전(89,052근)이 최대의 생산량을 보였고, 대정 지역에서는 동일과염전(26,750근)이 그리고 정의 지역에서는 시흥염전(40,979근)이 최대의 생산량을 보이고 있었다. 이렇게 볼 때, 결국 도내의 여러 염전 중에서는 제주 지역의 동부에 위치한 종달염전이 생산면적과 생산량에서 모두 최대였음을 알 수 있다.

본도의 염전에서 생산된 소금은 어물 저장과 염장식품의 제조에 주로 이용되었다. 어물은 고온다습한 기후조건 아래서 쉽게 부패하는 속성 상 염장

처리가 필수적이었으므로, 특히 연근해에서 잡히는 어류의 상품화를 위해 다량의 소금이 염건품(鹽乾品), 염장품(鹽藏品) 및 염신품(鹽辛品)을 제조하는 데 이용되었다. 그러나 과거에 비하여 많은 양의 소금이 생산되었음에도, 수요량 증대로 인한 도내의 공급 부족 현상은 매우 높게 나타났으며, 결국 부족분은 반도부의 천일염이나 외국의 수입염(輸入鹽)으로 충당하지 않을 수 없었다.

이러한 현상은 다음의 한 사례에서도 쉽게 파악된다. 즉 1910년대를 전후한 본도의 소금 생산량은 약 200톤이었다. 그러나 당시의 인구(1911년, 주 39 참고)와 1인당 1일 소금 수요량(12~13g)을 기초로 계산해 보면, 전체 인구의 소금 수요량은 약 786톤이 된다. 이 중 도내에서 생산된 200톤이 우선하여 충당되었다고 한다면, 나머지 부족분은 대략 586톤으로 나타난다. 따라서 제주도 내에서 생산된 소금의 양은 전체 필요량의 약 26%를 차지하고 있었다는 계산이 뒤따른다. 그리고 1936년을 전후하여 본도로 이입된 소금양도 [41] 약 2,500톤(4,228,960근)에 이르는 것으로 집계되는데, 이를 근거로 보더라도 소금 수요가 비약적으로 증가하였다는 사실이 명백해지며, 동시에 도내에서 생산된 소금만으로는 전체의 수요량을 완전히 해결할 수 없었음이 인정된다. 이처럼 상황이 악화하자, 도내의 소금 부족 문제를 해결하기 위한 수단으로 당시 대표적인 어항인 서귀포와 성산포에 정제염 공장을 세워[42] 소금을 생산했다.

---

41 濟州島廳, 1937(昭和 12年), 『濟州島勢要覽』, 145쪽에서 소금 부분을 발췌. 여기에는 서남해안 지역에서 반입된 소금과 수입염이 포함되어 있다.

42 고정봉(편), 1930, 『제주도편람』, 영주 서관, 40쪽. 정제염은 원래 불순물이 많고 색깔이 탁하여 물에 잘 녹지 않는 천일염의 이용 가치를 높이기 위해 소금을 용해시킨 후 기술적으로 가공하여 재차 제조한 것으로, 보통 가정의 식탁 위에 오르는 소금을 말한다.

3. 쇠퇴기의 염전

일제강점기를 걸쳐 존속돼 오던 제주도 내의 염전은 해방 이후 급격한 변화를 보이기 시작했다. 일반적으로 지역 변화는 교통 시스템과 정책의 변화라는 외부적 요인과 내부적 필요성이 합치될 때 발생한다.[43] 본도에서도 염전이 위치하던 지역에서는 교통의 발달에 따라 반도부의 서남해안에서 생산된 저렴한 천일염과 외국의 수입염이 쉽게 반입되자, 도내에서 생산된 전오염은 가격과 품질경쟁에서 밀리게 되었고, 그 결과 생산량도 급격히 감소하였다. 또한 농경지 확보를 위한 개간정책과 삼림 보호를 위한 벌목금지정책의 영향을 받아, 전오염 생산에 필요한 연료 확보는 한층 더 어려워지게 되었다. 아울러 종달염전의 경우는 쌀 생산에 대한 주민의 높은 선호와도 맞물리면서 제염 활동은 위축되지 않을 수 없었다. 이러한 사례와 같이, 마을 내와 생활권 내의 여러 요인으로 말미암아 제염 활동을 포기하는 사례가 많아지게 되었는데, 결국 도내의 염전들은 1950년대를 전후하여 완전히 사라지는 상황을 맞게 되었다.

한편, 정부에서는 해방 이후 천일염 생산을 장려한 결과 1950년대에 이르러 거의 자급자족하는 단계를 맞게 되었다. 따라서 1960년대를 맞이하여 전오염 제조법을 완전히 폐지함과 동시에,[44] 1942년 이후 전매품으로 지정되었던 소금을 민영화하기에 이르렀다.[45]

---

43 石井英也, 1992, 『地域變化とその構造』, 二宮書店, 5쪽.

44 두비인터내셔널, 1997, 『GEO』 1월호, 84쪽.

45 정광중, 1995, "일제시대 전매제하 인삼생산의 전개과정", 『문화역사지리』 7, 93~111쪽. 본 연구에 따르면, 소금은 구한말부터 이미 수급 조절과 가격통제의 대상이 되고 있었으며, 천일염은 관영(官營)으로 운영되고 있었다. 그러나 소금이 실질적인 전매품으로 지정된 것은 1942년 5월부터이며, 전매품으로서의 기능을 상실하게 된 것은 1961년 12월부터이다.

전오염 생산이 국가정책과 경쟁력 약화로 중단됨에 따라 도내 염전이었던 토지 공간의 대부분은 방치된 실정이며, 일부는 해안도로의 건설과 함께 관광시설들이 입지함으로써 현시점에서는 염전의 흔적조차 찾아볼 수 없는 사례가 많다. 일과염전의 경우 제염활동이 중단된 이후, 염전을 매립해 버리거나(동일리염전), 모래를 공사용으로 사용해 버려 외견상 흔적을 찾아보기가 어렵다. 그리고 극히 적은 사례이기는 하나, 주거지나 농경지로 전용되어 토지이용의 새로운 변화를 가져온 곳도 있다. 예를 들면, 성산읍의 시흥염전은 대지(垈地)로, 그리고 구좌읍 종달염전은 논으로 간척되었다. 특히 종달마을의 경우는 1968년부터 정부의 개간사업 장려정책에 힘입어 개답 사업을 벌인 결과, 1971년대부터는 과거의 염전 터가 문전옥답(門前沃畓)으로 변하여,[46] 한동안은 도내에서도 몇 안 되는 쌀 생산 지구로 탈바꿈하는 계기를 맞게 되었다.

Ⅲ. 염전별 소금생산 과정과 생산도구의 지역성

1. 염전별 소금생산 과정과 특징

1) 종달염전의 경우

종달염전은 제주도 제염의 효시인 동시에,[47] 소금생산의 주산지였다. 지형적 특성상 만입부에 넓은 사빈의 발달로 염전 조성이 유리하였고, 또 근처에는 지미봉과 두산봉 등 오름이 해안 가까이에 인접해 있어서 쉽게 연료를 구할 수 있었다. 그리고 근거리에 본도의 동부 지역 어장의 중심지인 성산포가

---

46 강대원, 1979, 『구좌면지』, 한일문화사, 118쪽.

47 부영성, 1986, 『구좌읍지』, 태화인쇄사, 161쪽.

위치하고 있다는 사실은 소금생산의 주산지로서 성장 가능성을 더욱 확고히
해 주었다.

『한국수산지』에 의하면 "종달리는 이름 있는 제염지로 인가 353호 중 제
염에 종사하는 자가 약 160명에 달하며 가마솥은 46개가 있었다"[48]고 한다.
이 사실에서도 일제강점기 초에는 이미 제염이 활발히 이루어지고 있었음을
확인할 수 있다. 이처럼 종달마을의 제염 활동이 활발해짐에 따라 소금생산
을 통한 수입성이 인근 지역으로도 널리 알려지게 되었으며, 결과적으로는
제염에 참여하기 위한 인구의 유입 현상도 이어졌다.[49]

종달염전에서의 소금생산은 크게 3단계의 과정에 걸쳐 행해졌다. 즉, 염
전 조성 단계, 채함(採鹹) 단계 및 전오(煎熬) 단계이다. 채함 과정은 염전에서
소금의 원료가 되는 함수(鹹水)를 채취하는 단계로서,[50] 지형이나 조석 상태
및 기후조건이 유리해야 하며, 최종 단계인 전오 과정에서는 많은 연료가 필
요하기 때문에 수급 관계가 큰 영향을 주었다.

종달염전의 소금생산 과정을 [표 1]에서 보면,[51] 우선 염전은 마을의 동남
쪽 해안가의 사빈이 형성된 지구에 조성되었다(그림 4 참조). 마을 내에서는 동
별로 사빈의 일정 장소를 선택하고 간조 시 염전에 모래를 '산태'로 운반한
후 나무삽으로 골고루 뿌린다. 그러고 나서 '물골'을 따라 들어온 해수를 '물
지게'로 운반하여 모래 위에 수십 차례 투입한다. 이 과정은 염분의 농도를

---

48 朝鮮總督府農工商部, 1910, 전게서, 437쪽.

49 제남신문, 1979년 7월 9일 자, 제주의 향사(89), 구좌면 종달리 편. 실제로 종달리는 40여 개의 성
씨로 구성된 혼성취락으로서, 19C 후반부터 20C 초에 종달리 인근 지역으로부터 입촌한 선조의 후
손들이 80%나 차지하고 있다. 이들의 입촌 시기를 고려해 볼 때, 제염에 참여하기 위하여 입촌한 사
람들도 있었음을 충분히 가정할 수 있다(구좌읍 종달리, 1987, 전게서, 29~47쪽).

50 重見之雄, 1993, 『瀨戶內鹽田の所有形態』, 大明堂, 43쪽.

51 현지조사, 1997년 7월 27일, 제보자: 강봉희 님(종달리, 여, 82세), 윤인지 님(종달리, 남, 60세), 문
수송 님(종달리, 남, 57세), 부무인 님(종달리, 여, 91세).

최대한으로 높이기 위한 것이다.

태양열에 의하여 해수에 포함된 수분이 증발하면 모래에 염분이 부착하게 된다. 염분이 누적된 '소금 모래'(鹹砂)는 서로 엉겨 붙기 쉬우므로, '서래'를 이용해 염전을 십자(十字) 형태로 갈며 모래 덩어리를 풀어준다. 이 작업이 끝나면, 염전에 다시 해수 투입을 3일 정도 반복하여 더욱 농도 짙은 소금 모래를 만든 후 보관 장소인 '모살눌터'로 운반한다. 이후, 청정일에 소금 모래를 염전 한구석에 설치된 '서슬'에다 넣고 해수(海水)를 투입하면서 소금 모래로부터 함수[52]를 분리해 낸다. 이때 얻어지는 함수의 염도(鹽度)는 곧바로 소금의 양과 직결된다.

[표 1] 종달염전의 제염 과정

염전 조성	함수(鹹水) 만들기		가마솥 가열하기	소금 완성
① 모래 모으기	② 해수를 뿌리며 소금 모래 만들기 ③ '서래'로 소금 모래 갈아주기 ④ 해수 투입 반복하기	⑤ 소금 모래를 '모살 눌터'로 운반하기 ⑥ 소금 모래를 '서슬'로 옮기기 ⑦ '서슬' 위로 해수를 재투입하며 염도가 높은 함수 만들기 ⑧ '물자으리'로 함수의 염도 측정하기	⑨ '가마터'로 함수 운반하기 ⑩ 가마솥에서 함수 가열하기 ⑪ '중댕이'를 이용해 남은 수분 제거하기	⑫ 완성한 소금을 창고나 '불치통'에 담아 보관하기

자료: 현지 조사 결과 및 『지미의 맥』(1987, 70~71쪽)에 의거하여 작성.

---

52 함수에는 '곤물'과 '모듬물'이 있는데 곤물은 서슬에서 첫 번째로 녹인 물을 말하며, 모듬물은 두 번째로 녹인 고염분의 물을 말한다.

다음 단계에서는 나무 막대기에 송진 덩어리를 붙여 만든 '물자으리'로 함수의 염도를 측정한 다음, '곤물통(함수통)'을 이용하여 '가망집(釜屋)'[53]으로 운반한다. 여기서 곤물통은 함수를 운반하는 데 사용되는 도구이다.

제염의 마지막 단계인 전오 작업은 함수를 가망집에 설치한 '가마(鐵釜)'에 부어 넣는 일부터 시작된다. 가마솥에 '모둠물'을 부은 다음 '곤물(함수)'을 3~4회 투입해 가며 온종일 가열하여 소금을 만든다. 끝으로 소금에 묻은 수분(鹽汁)을 제거하기 위해 '중댕이'[54] 위에 대나무로 만든 '구덕'을 얹고 소금을 나무삽으로 떠 담는다. 이때 중댕이 안에 수분이 떨어지는데 이것을 '춘물'이라 하였다. 춘물은 고농도의 함수이므로 소금 대용으로 쓰였다.[55] 완성된 소금은 대구덕에 담아 습기가 없는 부엌 아궁이 뒤의 재(灰) 위나 건조한 창고에 보관하였다.

종달리에서는 물때로 보아 조수가 가장 적게 들어오는 '조금' 때부터 본격적으로 제염을 시작하여, '여덟물'까지 약 7일 동안 작업이 진행되었으며,[56] 한 달에 두 차례 정도 생산이 행해졌다. 제염 시기는 3~4월과 7~8월 및 9~10월이며, 5~6월과 11~2월에 주로 판매가 이루어졌다. 제염에 필요한 노동력은 생산활동과 판매활동으로 구분하여 투입되었는데, 특히 염전 조성, 해수 운반, 연료채취 및 운반, 전오 과정에서 많은 노동력이 필요하였다. 가마의 구입이나 사용에 있어서는 10~15명 단위로 접(接)[57]을 구성하여

---

53 가망집은 '가마가 있는 집'이란 뜻으로 약 25~30평 정도의 크기이며, 내부 시설과 도구로서 가매덕, 중댕이, 곤물통, 구덕 등이 항상 놓여 있었다. 가망집은 대개 염전에서 떨어진 한쪽 구석이나 인가 내에 마련되었으며 공동으로 이용하였다.

54 중댕이는 한라산에서 구해 온 가시나무나 참나무를 이용해 속을 파내어 만드는 것으로, 약 300ℓ(中)~400ℓ(大)의 소금물을 저장할 수 있었다.

55 구전에 의하면, 마을 내 신전동(新田洞)에 거주하는 현평오 님은 마차(구루마)를 이용하여 제주시에 있던 두부 공장과 간장 공장에 춘물을 판매했다고 한다.

56 현지조사, 1997년 4월 5일, 제보자: 문숙자 님(종달리, 여, 62세).

57 당시 이 지역에서 공동으로 노동력을 조직화하는 단위를 접(接)이라 하였는데, 원래 접은 '무리' 혹

공동으로 대처하는 때도 있었다.[58]

　[그림 4]는 종달마을이 소금생산 중단 이후 토지이용의 변화를 나타낸 것
이다. 그림에서 보듯이, 염전이 조성되었던 곳은 크게 4구역으로 나눌 수 있
다. 이 4구역은 1961년경에 염전에서 논으로, 습지에서 논으로, 염전에서 밭
으로, 그리고 습지에서 논으로 조성되었다.

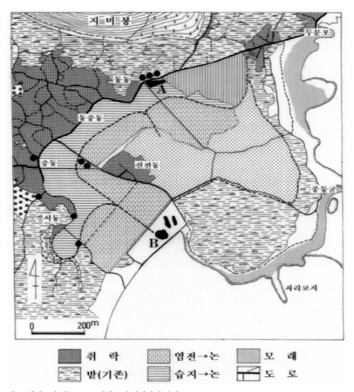

자료: 현지조사 및 1:5,000 지형도에 의거하여 작성.

[그림 4] 소금생산 중단 이후 종달마을의 토지이용 변화

　은 '떼'의 의미를 나타낸다.

58　현지조사, 1997년 7월 27일, 제보자: 윤인지 님(종달리, 남, 63세).

그림상에서 A 지점과 B 지점의 소택지(沼澤地, 한때는 양어장으로 이용)는 염전을 논으로 조성하는 과정에서 만들어진 것으로, 토지이용의 변화를 단적으로 말해 주는 근거가 되고 있다. 당시 염전에서 논과 밭으로 전환된 면적은 32.1ha이며, 이 중 논은 24ha, 밭은 8.1ha이다.[59] 논은 마을 내에서도 신전동(新田洞, 새밭동네)을 중심으로 타원형을 그리며 마을 안쪽 편으로 조성되었고, 밭은 주로 신전동의 동쪽 구역(해안가 방향)에 조성되었다. 현지조사에 의하면, 1945~1950년경까지 제염의 최종 단계에서 이용하는 공간인 가망집은 9개소가 존재하고 있었지만, 소금생산의 중단과 함께 완전히 철거되어 오늘날에는 흔적조차 찾아볼 수 없다.

2) 일과염전의 경우

[그림 5]와 같이 일과염전은 일과1리에 속하는 '장수원늪', '큰늪', '쇠늪' 및 동일리의 '웃모살밭'이라고 불리는 해안가의 모래가 섞인 '뻘밭'(鹵地)에 조성되었다.[60] 일과염전은 위치상 서일과(日果1里), 동일과(東日里) 염전으로 구성되었으며, 현재 매립지로 변한 동일과의 웃모살밭 염전은 동일리 주민의 생계 터전이었다. 1910년을 전후한 염전면적과 소금생산량을 보면, 서일과는 3,418평에 20,450근, 동일과는 4,428평에 26,750근으로서, 이를 합산해 보면 서부 지역의 염전 중에서는 가장 규모가 컸던 것으로 파악된다.

---

59 현지조사, 1997년 1월 19일, 제보자: 김봉규 님(里長, 남, 56세) 및 제주신문, 1969년, 9월 30일 자, '소금밭이 沃土로 變해(종달리 간척지).'
60 대정읍 일과1리, 1992, 『일과1리지』, 140~141쪽. 현지조사, 1997년 8월 11일, 제보자: 임춘봉 님(일과1리 대수동, 여, 70세), 문공진 님(일과1리, 남, 73세), 문창언 님(동일리, 남, 70세).

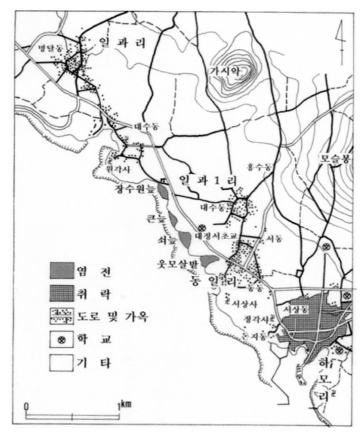

자료: 현지조사 및 1:25,000 지형도를 토대로 작성.

[그림 5] 일과마을의 염전 터와 주변 환경

일과염전에서의 제염 과정은 [표 2]와 같다.[61] 먼저 해수면이 가장 낮아지는 '조금' 때를 이용하여, 파식대 위에 퇴적된 '검은 모래'를 긁어모은다. 여기에 나무로 만든 '좀팍'을 이용하여 해수를 뜨고 산태로 운반하여 모래 위

---

61 현지조사, 1997년 2월 23일, 제보자: 김성월 님(일과1리, 여, 88세), 문경옥 님(일과1리, 여, 78세), 이춘수 님(일과1리, 여, 77세), 이유생 님(일과1리, 여, 71세).

에 뿌린다. 그러고 나서 '당그네(서래)'로 염전을 갈며 염분을 모래에 농축시키는 작업을 계속한다. 모래에 염분이 농축되도록 재차 모래를 뒤엎으며 건조해 가면, 고염분의 소금 모래가 형성된다. 이어서 '나무삽(낭갈레죽)'으로 소금 모래를 긁어모은 다음, 산태를 이용하여 정해진 보관 장소로 운반한다.

[표 2] 일과염전의 제염 과정

염전 조성	함수(鹹水) 만들기	가마솥 가열하기	소금 완성
① 모래 모으기	② '좀팍'에 물을 담아 뿌리기 ③ '서래'로 염전 갈기 ④ 소금 모래 만들기 ⑤ 나무삽으로 소금 모래 모으기 ⑥ '서슬통'에서 함수 분리하기	⑦ 염도 측정하기 ⑧ 함수를 '허벅'에 담고 집으로 운반하기 ⑨ 가마솥에서 함수 가열하기	⑩ '불치통'에 올려놓고 소금에 남은 수분 제거하기

자료: 현지조사 결과 및 『남제주군의 문화유적』(1996, 278~279쪽)에 의거하여 작성.

다음으로, 여과장치인 '서슬통'에 소금 모래를 넣은 다음 해수를 투입하면 소금 모래에 묻어 있는 염분은 고농도의 함수가 되어 서슬통에 연결된 통 속으로 흘러 들어간다. 함수의 농도는 서슬통에 연결된 통 속에서 달걀이나 게(蟹)를 띄워 확인한다. 농도 확인을 마친 함수는 허벅에 담아 집으로 운반하여, 헛간에 마련된 가마에서 가열한 다음 소금을 얻는다. 가마솥은 당시 솥제작으로 유명했던 안덕면 덕수리(德修里)의 장인에게 주문하거나 가마솥을 소유한 개인에게 소금을 이용료로 지불하여 사용하기도 하였다. 가마에서 허벅으로 한 말 정도(18ℓ)의 함수를 가열했을 때 소금은 약 1말이 생산되었으며, 제염은 한 달에 2회 정도 이루어졌다.[62]

---

62   현지조사, 1997년 8월 11일, 제보자: 강달삼 님(일과1리, 남, 76세), 문공진 님(일과1리, 남, 73세),

한편, 제염작업은 육체적인 노동이 수반되어야 하므로 특히 남성 노동력이 필요했다. 일과염전에서도 제염 시 필요한 노동력은 주로 가족 노동력이 이용되었으나, 날씨의 영향을 받는 단기적인 작업이라 종종 '수눌음'으로 해결하기도 하였다.

2. 소금생산 도구의 지역성

본 절에서는 제염 과정에서 주로 사용되는 도구들을 비교하여 차이점과 특징을 논의하기로 한다. 전오염 생산을 위해 사용되는 제염 도구는 크게 채함 과정과 전오 과정에서 쓰이는 도구로 양분할 수 있다. 채함 과정에서 주로 쓰이는 도구로는 서래, 서슬, 산태, 중댕이를 들 수 있다. 우선 산태는 2인 1조가 되어 모래를 운반하는 도구이며, 150cm 정도의 소나무 2개와 80cm 가량의 가시나무 4개를 사다리 모양으로 엮어 만든다. 서래(당그네)는 염전이나 '소금 모래'를 갈아엎을 때 사용하며, 끈이 달려서 사람이 끌게 되어 있다. 종달염전에서 사용되는 서슬은 사각형 모양의 여과장치로서, 사방을 진흙으로 돌아가며 붙여놓아 함수가 새는 것을 방지할 수 있도록 고안되어 있다. 그리고 안에는 '새(茅)'를 그물모양으로 엮어서 만든 서슬 받침대가 놓여 있는데, 함수를 만드는 단계에서 발생하는 모든 불순물을 제거하는 기능이 있다. 일과염전에서는 서슬을 '서슬통'이라 부르며, 가로세로 1m 높이로 사각형 모양이지만 돌로 쌓아 만든 후 누수방지를 위해 진흙으로 외벽을 바른다. 중댕이는 가시나무나 참나무에 깊이 60cm, 폭 70cm 정도의 크기로 홈을 파서 만든 것으로서, 여기에다 소금을 담은 대구덕을 올려놓으면 소금에 묻어

문신화 님(일과1리, 여, 81세).

있는 수분이 홈 안으로 떨어질 수 있는 구조를 취하고 있다.

전오 과정에 쓰이는 대표적인 도구로는 가마를 들 수 있다(그림 6).

종달염전에서 이용되었던 가마는 사각형 형태로서 길이 250cm, 폭 150cm, 높이 15cm 정도의 크기였으며, 돌을 쌓아 만든 '가마덕' 위에 올려 놓고 사용한다. 가마는 무쇠로 제작된 것으로 강력한 화력에도 견딜 수 있을 정도로 견고하기 때문에, 염가(鹽家)들이 공동으로 이용하였다.[63] 본도에서 사용된 가마는 토부(土釜)가 아닌 철부(鐵釜)였다. 즉 연료공급의 정도는 생산 형태를 결정하는 중요한 요인으로서도 작용하였는데,[64] 연료공급이 어려운 지역에서는 연료가 적게 드는 토부를 사용하였고, 연료가 풍부한 지역에서는 철부를 사용하였다. 본도에서는 연료가 풍부해서라기보다, 날씨 변화가 심한 기후환경을 고려하여 단시간 내에 강한 화력이 필요했기 때문에 열전도율이 빠르고 내열성이 강한 철부가 본도의 소금 생산자들에게는 더 유리했던 것으로 해석된다.[65]

사례 지역의 두 염전에서 주로 사용된 소금생산 도구들의 명칭과 기능은 [표 3]에 제시하였다. 여기서 보는 바와 같이, 모래를 이용하여 제염했던 종달 및 일과염전에서는 제염 도구의 유사성이 매우 높다. 규모 면에서 가장 컸던 종달염전의 경우는 제염 도구에서도 세분된 동시에 다양하다. 나아가 해수를 운반하기 위하여 좀팍이나 허벅 및 양동이 등이 공통으로 사용되고 있음은 제주도가 섬이라는 지역성을 잘 대변해 주는 동시에, 반도부와 비교해 그만큼 제염 규모가 작았음을 시사해 주는 배경이 되고 있다.

제염 과정에 이용된 도구들은 주변에서 쉽게 구할 수 있는 석재나 목재

---

63 월간관광제주사, 1988, 『관광제주』 8월 호, 태화인쇄사, 86쪽.

64 김호종, 1981, 전게 논문, 153~155쪽.

65 고승제, 1956, "이조염업의 경제구조", 『서울대학교 인문사회과학 논문집』 4, 372쪽.

를 가지고 만들어졌으며, 해안지형의 차이와 생산방식에 따라 도구의 종류나 규모도 조금씩 다르게 나타난다. 소금생산 도구들은 비교적 제작 방법이 간단하고 아주 실용적으로 만들어진 후 다목적으로 활용되었던 것이 특징이다. 대표적인 제염 도구의 형태, 재료 및 크기는 [그림 6]에 정리하였다.

형태		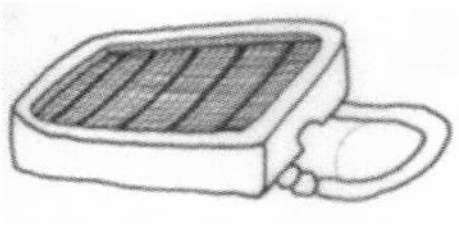	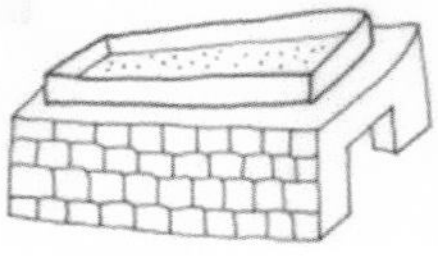
명칭	서래	서슬	가마 및 가마덕
크기	길이: 80cm 발 높이: 10~15cm 자루 길이: 200cm	가로: 200cm 세로: 150cm 높이: 50~60cm	[가마] 길이: 250cm, 폭: 150cm, 높이: 15cm [가마덕] 높이: 200cm, 길이: 300cm
재료	가시나무	새(茅), 진흙	무쇠 / 석재
이용	종달 · 일과염전	종달염전	종달염전
형태			 종달리 소금밭 체험시설
명칭	중댕이	서슬통	
크기	길이: 200cm 폭: 70cm 깊이: 60cm	가로: 100cm 세로: 80cm 높이: 130cm	
재료	가시나무, 참나무	석재, 목재, 새(茅)	
이용	종달염전	일과염전	일과리 염전 복원장소

자료: 현지조사 결과, 『지미의 맥』(1987, 71~76쪽) 및 『일과1리지』(1992, 142~148쪽)에 근거하여 대표적인 도구만으로 재구성하였음.

[그림 6] 주요 제염 도구의 형태, 재료 및 크기

[표 3] 제염 도구의 명칭과 기능

제염 도구	사용 여부		도구의 기능	제염 과정
	A	B		
산태	○	○	모래를 실어 나르는 도구	염전 조성 과정
군대	○	×	모래를 긁어모으는 도구	
물바가지	○	○	물을 뿌리는 바가지	
낭갈레죽	○	○	모래를 뿌리거나 모으는 나무삽	채함 과정
물지게	○	×	나무통에 해수를 넣어 운반하는 도구	
서래	○	○	염전이나 '소금 모래'를 갈아엎는 도구	
서슬	○	○	모래에 묻은 염분을 분리하는 여과장치	
물자으리	○	×	송진 덩어리로 만든 염도 측정 도구	
좀팍	○	○	해수나 함수를 뜨는 데 이용하는 도구	
허벅	○	○	물을 담아 운반하는 항아리(물동이)	
노람지	○	○	새(띠)로 엮어 만든 도구	
쇠삽	○	○	구운 소금을 뜨는 삽	가마솥 가열과정
대구덕	○	×	소금을 담는 대나무로 만든 용기	
중댕이	○	×	소금에 함유된 수분을 제거하는 장치	
쇠글갱이	○	○	가마솥에 붙어 있는 소금을 긁어내는 도구	
가마	○	○	소금을 굽는 솥	

주: 일부 제염 도구들은 본래 염전이 아니라, 일상생활에서의 사용 목적을 지닌 것들이 많다. A는 종달염전,
   B는 일과염전임. 그리고 종달염전과 일과염전의 제염법이 동일하나 제염 도구의 명칭과 사용 유무에 있어서는 차
   이를 보인다.

자료: 현지조사 결과와 『지미의 맥』(1987, 71~76쪽) 및 『일과1리지』(1992, 142~148쪽)에 의거 작성.

IV. 염전별 소금판매 지역과 방법

일제강점기 동안 도내의 상업활동은 주로 물물교환이 주를 이루고 있었
으며,[66] 당시 주로 거래된 물품으로는 양태, 망건, 옹기, 소금 등이었다.[67] 이

---

66 고재환, 1993, 『제주도속담연구』, 집문당, 195쪽.

67 김봉현, 1960, 『제주도역사지』, 교문사, 372~374쪽. 판매 품목을 지역별로 보면, 〈태왁〉은 김녕리와
    동복리, 〈망건〉은 조천리, 〈양태〉는 신촌리, 〈탕건〉은 별도리(화북리), 〈소금〉은 종달리, 〈옹기〉는 신

중 특히 소금은 가난을 이겨내기 위한 생계 수단인 동시에, 식량과 교환하기 위한 가장 적절한 생필품 중 하나로서[68] 지역 간 또는 지역 내 판매가 활발하게 이루어지던 품목이었다.

소금은 생산자에 의한 자체 소비가 완벽하게 이루어지지 않으므로, 농산물보다도 한층 교환경제적인 성격을 띠며, 일정한 소비단계를 넘어서면 활발한 유통이 기대될 수 있는 품목이다.[69] 본도의 염전에서 생산된 판매의 대상은 일차적으로 소금의 결정체에 있었으나, 이와 함께 고농도의 함수가 판매되기도 하였다.[70] 즉, 종달염전에서처럼 '모둠물'이나 '춘물'이 두부 공장이나 간장 공장으로 팔리기도 했으며, 용암 암반 위에서 제염하던 구엄염전에서는 소금물을 중산간 지역에서 팔러 온 나무 장작과 교환하는 사례도 있었다.[71]

판매 주체인 소금 장수들은 직접 소금생산에 참여했던 생산자들이었으며, 생산지에 거주하면서 인근 지역이나 원격지(중산간지대)의 농어촌에 공급하는 형태를 취하고 있었다. 다시 말해, 소금의 판매는 종달염전과 일과염전 모두 중간상인의 개입 없이 개별적으로 이루어졌다. '소금 졸래기'(일과염전)와 '소금바치'(종달염전)라 불렸던 판매자들은 식염(食鹽)뿐만 아니라 양치용(養

평리, 〈솔〉은 덕수리에서 생산된 후 판매되었다.

68 국립민속박물관, 1996, 『어촌민속지』, 태웅그래픽, 60쪽.

69 김재완, 1992, 전게 논문, 29쪽.

70 소금의 판매 방법과 주체에 관해 선행적으로 연구한 사례가 거의 없어서, 여기서는 현지조사 결과를 근거로 정리하였다.

71 이 글에서는 구엄염전에 대해 구체적으로 다루지 않았다. 구엄염전에 대해서는 아래의 논문과 자료를 참고하기 바란다. ① 정광중, 1998, "제주도 구엄마을의 돌소금 생산구조와 특성-과거의 지리적 현상에 대한 미시적 접근-", 『지리학연구』 32(2), 87~104쪽. 이 논문은 2010년 송성대 외가 저술한 『제주지리론』(송성대 외, 2010, 『제주지리론』, 한국학술정보(주), 285~317쪽)에도 실려 있음을 밝힌다. ② 정광중·강만익, 2012, "제주도의 염전형성과 소금생산의 특성-종달마을과 구엄마을의 비교-"(제주학연구자 모임, 『제주학산책』), 43~62쪽.

齒用) 소금도 공급하였다.

판매 활동은 "종달리의 큰 애기덜 소곰장시 제격이여"[72]라는 민요 구절에서도 알 수 있듯이 주로 부녀자들이 담당하였으나, 원거리 지역의 판매는 남성들의 도움도 받았다. 소금의 판매는 생산지인 해안 지역에서 소비지인 중산간 지역으로, 그리고 소금이 생산되지 않는 해안 지역으로 판매되었다(표 4). 결국 이 지역들은 대부분 해발 200m 이하에 있는데, 특히 중산간 지역은 소금이 몹시 귀한 관계로 사찰 스님들의 경우 걸염(乞鹽)을 위해 썰매(雪馬)를 타고[73] 해안 지역으로 돌아다녔을 정도여서 판매 활동에 유리한 곳이었다. 중산간 지역 판매에는 생산지와 거리가 먼 관계로, 일출 전에 '멕(멱서리)'에 소금을 담고 사람의 등짐이나 소를 이용하여 출발하였다.

판매 방법은 마을을 순회하며 호별 방문하거나 특정 마을 내의 중심부(세거리 또는 네거리)에서 행인들과 접촉하는 방식이었으며, 일부는 오일장 등을 통한 판매에도 열성적이었다. 종달염전의 경우는 다른 염전과는 여타 판매 방법도 발견된다. 즉, 소금 판매자들은 두문포에서 풍선(風船)에 소금을 싣고 30km 이상 떨어진 남원, 서귀포, 강정 및 모슬포 포구까지 운반한 다음, "소금 배가 도착했다"고 알림으로써 포구 내의 어선이나 농어민들을 상대로 판매하는 방식이었다. 판매대금의 지불은 화폐보다는 어촌에서 구하기 어려운 곡물과의 물물교환에 있었다. 판매 활동에 나설 때는 곡물을 담기 위한 대구덕과 포대(麻袋)를 지참했으며, 또한 곡물과의 교환 시에 사용되는 측정 도구로 '됫박(되)'을 지참하였다.

---

72 김영돈, 1984, 『제주도민요연구』(상), 일조각, 197쪽.
73 林梯(1578년경), 『南溟小乘』(박용후(역)), 1989, 제주문화, 51쪽).

[표 4] 염전별 소금판매 취락과 판매유형

염전	판매대상 마을	지역 구분		판매 유형		운송 방법	
		해안	중산간	당일	숙식	육로	해로
종달	김녕, 성산, 온평, 신산	●		▲		◆	◇
	수산, 송당, 성읍		○	▲		◆	
	서귀포, 강정, 모슬포	●			△		◇
일과	영락, 무릉, 신도, 고산	●		▲		◆	
	신평, 서광, 동광, 금악, 조수		○	▲	△	◆	
	중문, 도순, 강정, 법환, 남원	●		▲	△	◆	◇

주: 해안과 중산간의 구분은 과거로부터 마을 사람들의 인식에 따른 것임.
자료: 현지조사 결과에 의해 작성.

소금과의 교환대상 물품은 보리, 조, 메밀, 콩, 벼(水稻), 산디(陸稻) 등이었으며, 교환 비율은 1:1 또는 소금 2:곡식 3과 같이 시기에 따라 조금씩 다르게 거래되었다.

판매유형은 [표 4]에서 확인되듯이, 생산지로부터의 거리에 따라 당일 판매와 숙식 판매로 구분할 수 있다. 배후지와 교통 조건에 따라 다소 다르긴 하나, 대체로 1일 왕복이 가능한 반경 12~13km[74] 내 근거리의 경우는 대부분 등짐이거나 소를 이용한 당일 판매였다.

일과염전에서는 인근에 위치한 고산, 조수, 저지, 산양, 신평리와 인향동 등지가 주된 판매 대상 취락이었는데, 당일 판매와 숙식 판매가 동시에 이루어졌었다. 종달염전에서도 반경 10~15km 내의 성읍, 신천, 온평리 그리고 수산, 고성, 김녕리 등지에서는 당일 판매가 위주였다. 종달리에서 반경 15km 이상의 장거리면 일출 전에 우마차나 풍선을 이용하여 소금을 운반하였는데, 때에 따라서는 판매자들의 숙식지가 판매 마을 내의 '물방에(연자매)'

74 中村周作, 1985, "水産物行商人の空間行動樣式: 山陰地方の事例を 中心として", 『人文地理』 37(4), 311쪽.

일 때도 있었다. 일과염전에서는 제염이 행해지지 않는 마을 중 비교적 인구가 많거나 혹은 소금과 교환할 곡물이 많이 생산되었던 중문, 강정, 법환리 등지를 주된 판매 지역으로 삼고 있었다.

특히, 장거리 판매의 경우에는 소금의 특성상 해로보다는 육로를 이용하여 운반하는 것이 일반적이었다. 따라서 일단 소금을 우마차로 판매 목적지의 마을까지 운반하고, 우마차를 마을 입구에 세워 놓은 후에 판매 활동에 들어갔다. 판매 목적지의 마을에서 소금을 모두 팔지 못할 경우에는 재차 귀갓길에 판매하기도 했다. 간혹 소금 장수에게 방을 빌려주는 것을 꺼리는 마을 주민도 있어서 때에 따라서는 노숙하는 경우가 있었으며, 식사도 미리 특정 민가에 소금을 주어 해결하기도 하였다.

상권에서도 가장 컸던 종달염전은 초기에는 육로와 해로를 이용하여 도내 전역으로 판매하고 있었으나, 여러 지역에 소규모 염전이 형성된 이후는 주로 인접한 동남부 지역으로 상권이 축소된 것으로 유추된다. 그리고 일과염전은 한정된 생산량과 거리적 요인이 서로 결부되어 염전 조성 때부터 비교적 좁게 상권이 형성된 것으로 보인다. 염전 발달이 미약했던 남부 지역은 두 염전에 의한 상권이 경합하는 지역이어서, 가격은 물론 품질경쟁이 발생하는 현상이 나타나기도 하였다.

V. 요약 및 결론

이 연구는 과거에 소멸한 지역 경관을 구체적으로 서술하고 평가함으로써 당시 제주 지역의 성격과 제주 주민들의 생활경제의 일 단면을 해석해 보려는 의도에서 시도되었다. 따라서 과거 제주도 어촌의 일부 경관이었던 주요 염전을 대상으로 성립과정과 변화, 소금의 생산 형태 및 생산도구, 소금의 판매 지역과 방법 등에 대한 지역적 차이를 전제에 두고 논의를 전개하였다. 연구 결과는 다음과 같이 요약할 수 있다.

제주도의 염전은 16~18세기에 걸쳐 성립된 이후 초보적인 단계를 유지해 오다 일제강점기를 맞아 소금 수요의 증가라는 생활환경이 조성되자 제염업은 본격적인 생산체제의 정비와 함께 발전단계로 접어들었다. 1940년대에 이르러서는 반도부로부터 대량의 천일염이 유입되었고, 이어서 1950년대를 전후한 시기에는 전오염 제조가 폐지되는 등 사회적 · 경제적인 요인이 작용하면서 도내의 제염업은 쇠퇴의 길에 접어들게 되었다.

제주도의 염전에서는 크게 전오염, 돌소금, 물소금이라는 세 형태로 생산되었는데, 특히 해안의 포구 취락을 중심으로 지역적인 특성과 배후의 소비 인구가 고려되어 적정 크기의 염전들이 성립되었다. 제염 활동은 주로 농어민들의 겸업으로 행해졌으며, 가족 노동력을 중심으로 한때는 비교적 호황기를 누리며 경제적인 이득을 취하고 있었다. 그러나 전체적으로 암석해안이 많은 지형 조건으로 인하여 사실상 대규모의 염전 조성이 어려웠던 동시에, 소비시장도 작아 소규모의 염전에 의한 영세 경영자들이 대부분을 차지하고 있었다.

제주도에서 판매를 목적으로 생산되었던 소금은 전오염과 천일염으로 구분할 수 있다. 이 중 전오염의 생산을 종달염전과 일과염전으로 대표할 수 있으며, 천일염(일명, 돌소금)의 생산은 구엄염전으로 대표할 수 있다. 구엄염전에 대해서는 이미 다른 학술지와 책자를 통하여 소개하였기 때문에, 여기서는 구체적으로 다루지 않았다.

전오염을 생산하는 염전에서는 염전 조성 단계, 채함 단계 및 전오 단계를 걸치면서 주로 가족 노동력에 의존하여 생산하였다. 제염 기간은 장마철과 겨울철을 제외한 약 8개월이었다. 소금생산에 이용된 주요 도구로는 나무삽(낭갈레죽), 서래(당그네), 서슬(이상, 채함 도구), 쇠삽, 중댕이, 가마(이상, 전오 도구) 등을 들 수 있으며, 대부분은 주로 주변에서 쉽게 구할 수 있는 재료를 사용하여 만들었다. 소금의 판매과정을 보면, 근거리의 경우에는 당일 판매로서 등짐이나 가축을 많이 이용하였으며, 주로 부녀자층이 판매를 담당하였다. 또한 해로보다는 주로 육로로 이용하여 소금을 목적지까지 운반하였다. 장거리 숙식 판매일 경우에는 남성도 동행하였는데, 이때에는 마차나 풍선을 이용하였고 도내의 여러 마을을 순회하면서 물물교환 방식으로 판매하였다. 소금판매의 대상은 전체적으로 해발 200m 이내의 마을들이었으며, 특히 중산간 지역에 위치하는 취락의 경우는 소금판매에 대한 수익성을 보장해 주는 곳으로 인정되고 있었다.

현시점에서 생각할 때, 제주도 내에는 역사시대의 문화경관 중에서도 일제강점기를 통하여 완전히 소멸해 버린 것들이 의외로 많이 존재한다. 이들은 최초 제주도민들의 사회적 · 경제적인 필요성에 의하여 창출되어 생활 공간 속에서 나름대로 큰 기능을 담당하고 있었음에도 연구가 미진한 편이다. 필자들은 이 연구를 진행해 가는 동안, 과거의 문화경관에 대한 지리학적 측면의 조명과 해석이 필요함을 새삼 느끼게 되었다. 현재 시점뿐만 아니라, 과거 시점에서의 지역적 보편성과 특수성이 동시에 드러날 때, 제주 지역의 성격은 더욱 분명해지고 지역연구의 필요성도 더욱 구체화할 것으로 생각된다. 이러한 사실에 기초할 때, 향후 과거의 문화경관에 대한 지리학적 접근은 중요한 의미를 지닌다고 할 수 있다. 앞으로 이 연구와 관련하여 염전의 지역적 확산과정을 구명함과 동시에 제주도의 제염법을 반도부의 그것과 비교하는 연구가 더욱 필요할 것으로 판단된다.

참고문헌

金淨, 1520~21, 『濟州風土錄』(『탐라문헌집』, 1976, 제주도교육위원회).

李荇 외, 1530, 『新增東國輿誌勝覽』(민족문화추진회 편, 1970).

林梯, 1577, 『南溟小昇』(박용후 역, 1989, 제주문화).

金尙憲, 1602, 『南槎錄』(김희동 역, 1992, 영가문화사).

李元鎭, 1653, 『耽羅誌』(『탐라문화총서』 (9), 1991, 제주대학교 탐라문화연구소).

李衡祥, 1702~03, 1704, 『耽羅巡曆圖‧南宦博物』(한국정신문화연구원, 1979).

金允植, 1835~1922, 『續陰晴史』(김익수 역, 1996, 제주도문화원).

『旌義郡邑誌』, 「旌義郡地圖」, 1899, 서울대 규장각 소장.

『大靜郡邑誌』, 「大靜郡地圖」, 1899, 서울대 규장각 소장.

강대원, 1979, 『구좌면지』, 한일문화사.

강만익, 1993, "도서지방의 어촌에 관한 연구", 동국대학교 석사학위논문.

고광민, 1994, "생업문화유산", 『제주의 문화유산』(제주편 ①), 한국 이동통신 제주지사.

고광민, 1997, "제주도 소금밭", 『제주도』 100, 제주도.

고승제, 1956, "이조염업의 경제구조", 『서울대학교 인문사회과학 논문집』 4.

고재환, 1993, 『제주도속담연구』, 집문당.

고정종(편), 1930, 『제주도편람』, 영주서관.

구좌읍 종달리, 1987, 『지미의 맥』(종달리지).

국립민속박물관, 1996, 『어촌민속지』, 태웅그래픽.

권혁재, 1993, 『한국지리』, 법문사.

김봉옥(편역), 1986, 『朝鮮王朝實錄 中 耽羅錄』, 제주문화방송.

김봉옥, 1987, 『제주통사』, 제주문화.

김봉현, 1960, 『제주도역사지』, 교문사.

김영돈, 1984, 『제주도민요연구』(상), 일조각.

김일기, 1988, "곰소만의 어업과 어촌연구", 서울대학교 박사학위논문.

김일기, 1991, "전오염 제조법에 관한 연구", 『문화역사지리』 3.

김재완, 1992, "조선후기 염의 생산과 유통에 관한 연구", 『지리학논총』 19.

김호종, 1984, "조선후기 제염에 있어서 연료문제", 『대구사학』 26.

김호종, 1986, "조선후기 어염의 유통실태", 『대구사학』 31.

김호종, 1988, "조선후기의 염업경영실태", 『역사교육논집』 12.

노원기, 1992, "진도의 수산업과 어촌연구", 고려대학교 석사학위논문.

대정읍 일과1리, 1992, 『일과1리지』.

두비인터내셔널, 1997, 『GEO』 1월 호.

류승원, 1979, "조선초기의 염간", 『한국학보』 17.

부영성, 1986, 『구좌읍지』, 태화인쇄사.

서귀포시 월평동, 1992, 『월평마을』, 나라출판.

서일석, 1986, "남양만 간척지의 염전이용과 취락구조에 관한 연구", 동국대학교 석사
　　　학위논문.

송성대, 1996, 『제주인의 해민정신-정신문화의 지리적 요해-』, 제주문화.

오성찬, 1992, 『제주토속지명사전』, 민음사.

월간관광제주사, 1988, 『관광제주』, 8월 호.

정광중, 1995, "일제시대 전매제하 인삼생산의 전개과정", 『문화역사지리』 7.

정광중, 1998, "제주도 구엄마을의 돌소금 생산구조와 특성-과거의 지리적 현상에 대한
　　　미시적 접근-", 『지리학연구』 32(2).

정광중 · 강만익, 2012, "제주도의 염전형성과 소금생산의 특성-종달마을과 구엄마을
　　　의 비교-"(제주학연구자 모임, 『제주학산책』).

정명옥, 1986, "경기만의 천일제염업-남동, 소래염전을 중심으로-", 고려대학교 석사학
　　　위논문.

제주대학교 · 남제주군, 1996, 『남제주군의 문화유적』.

제주도교육연구원, 1996, 『향토교육자료』.

濟州道民俗自然史博物館, 1996, 『濟州의 옛 地圖』, 일신읍셋.

조천읍 신흥리사무소 소장, 『新興里誌』.

최성기, 1985, "조선시대 염전식 자염", 『안동문화』 6.

한국향토사연구협의회, 1996, 『널개오름을 등진 섬마을』, 수서원.

한인수, 1977, "한말이후 일제하의 우리나라 제염업의 실태", 『응용지리』 1(3).

한인수, 1979, "우리나라 제염업의 전개과정 소고", 『청파 노도양박사 고희기념 논문집』.

大野秋月, 1911(明治 44年), 『南鮮寶窟 濟州島』.

朝鮮總督府, 1929(昭和 4年), 『生活狀態調査』(其二).

濟州島廳, 1937(昭和 12年), 『濟州島勢要覽』.

濟州島廳, 1939(昭和 14年), 『濟州島勢要覽』.

龜井千步子, 1979, 『鹽の民俗學』, 東京書籍株式會社.

重見之雄, 1993, 『瀨戶內鹽田の所有形態』, 大明堂.

石井英也, 1992, 『地域變化とその構造』, 二宮書店.

中村周作, 1985, "水産物行商人の空間行動樣式", 『人文地理』 37(4).

Sir Dudley Stamp, 1977, The World, 19th(ed), Longman.

William Norton, 1984, Historical analysis in geography, Longman.

고은희

제주도의 염지하수

• 고은희　제주대학교 지하수학협동과정

I. 머리말

바다로 둘러싸인 섬인 제주도에는 담지하수와 함께 염지하수 또한 부존하고 있다. 염지하수는 내륙에 위치하여 있지만 해수와의 혼합에 의해서 바닷물의 특성을 갖는 지하수체이다. 제주도의 염지하수는 수리지질학적 조건에 의해서 주로 제주 동부 해안 지역에 부존하는데 이로 인해 과거 동부 지역에서는 지하수에 짠물이 섞여 나와 물 이용에 어려움을 겪기도 하였다. 그러나, 염지하수는 안정적인 수온 및 수질을 유지하기 때문에 1980년 중반부터 제주도에서 양식장의 주요 사육수로 대량 이용되고 있으며 2000년대 들어서는 제주 지역의 신성장 동력사업의 일환으로 염지하수인 "용암해수"를 이용한 식료품 및 향장품 제조 산업에 널리 활용되어 산업적 가치가 높은 제주 자원으로 발돋움하고 있다. 이 글에서는 염지하수에 대한 정의 및 기원, 제주도 염지하수 부존형태, 수질특성, 영향인자 및 염지하수 개발과 이용현황에 대해 다루고자 한다.

II. 염지하수의 정의 및 기원

과거에 염지하수는 1980년대 중반부터 육상수조식 양식장이나 횟집 수족관, 해수 사우나 등 지하해수라는 용어로 이용되어 오다가 고기원 외(2003)에 의해 평균해수면 아래 화산암의 클링커층, 균열, 절리, 용암류 경계면 등

공극에 부존하는 총고형물질 함량이 10,000mg/L 이상의 지하수를 염지하수 또는 고염분지하수로 정의하였다. 그러나, 먹는 물 관리법이 도입되면서 시행규칙에 따라 "염지하수"란 "물속에 녹아 있는 염분 등 총용존고형물 (TDS: Total Dissolved Solids)의 함량이 2,000mg/L 이상인 암반 대수층의 지하수를 말한다"라고 명시하고 있다. Freeze와 Cherry(1979)의 TDS에 따른 물의 염분 분류(표 1)에 의해서, 담수는 TDS가 1,000mg/L 이하인 물이며, 염지하수는 기수에서 고염수에 해당하는 TDS의 범위(1,000~)100,000mg/L)를 갖는 물로 정의된다. 또한, 고기원 외(2003)는 제주 동부 해안 지역 지하수 관정에서 획득한 EC 수직검층 자료를 이용하여 지하수의 EC 기준에 따라서 담수지하수(EC: 1,700µS/cm 이하), 저염지하수(EC: 1,700~17,350µS/cm) 및 염수지하수(EC: 17,350µS/cm 이상)로 염지하수를 저염과 염수 지하수로 세분화하였다(표 2).

[표 1] 총용존고형물(TDS)에 따른 물의 염분 분류

물의 분류	TDS (mg/L)
담수(fresh water)	⟨1,000
기수(brackish water)	1,000~10,000
염수(saline water)	10,000~100,000
고염수(brine)	⟩100,000

출처: Freeze와 Cherry, 1979.

[표 2] 동부 지역 지하수의 TDS와 EC 기준

지하수 분류	TDS (mg/ℓ)	전기전도도 (µs/cm)
담수 지하수	0~1,000	1,700 이하
저염 지하수	1,000~10,000	1,700~17,350
염수 지하수	10,000 이상	17,350 이상

※ TDS 환산식: TDS(mg/ℓ) = 0.575 × EC(µs/cm) + 22.31

출처: 고기원 외, 2003.

van Weert 외(2009)는 염지하수의 기원을 (1) 해양기원, (2) 자연적인 육상기원, (3) 인위적인 육상기원, (4) 혼합기원으로 분류하였다(표 3). 해양기원의 경우 염분화 메커니즘으로는 A1. 해양기원 퇴적층 내 침전되어 있던 염분의 용해, A2. 해수면 변동으로 인한 연안 지역 지하수로의 해수 침입, A3. 쓰나미 등 해수 범람에 의한 일시적인 해수 침입, A4. 해양과 수리적으로 연결된 해안 대수층에서의 해수 측면 침입, A5. 해수 분무로 인한 염분 공급 등이 있다. 자연적 육상기원 염분화 메커니즘으로는 B1. 사막 지역에서 지리적으로 폐쇄된 염호수에서의 증발, B2. 염분을 함유한 광물(염암)의 용해에 의한 염분 공급, B3. 저투수 퇴적층에서 염분 농축으로 인한 소금 여과막 효과, B4. 화산 활동 지역에서 초생수의 생성 등이 있다. 인위적인 육상기원 염분화 메커니즘으로는 C1. 농업 관개에 의한 점진적인 염분 증가 및 C2. 제설제, 비료, 생활하수, 광산 폐수 등의 인간 활동에 의한 염분화가 있다.

[표 3] 지하수의 염분 기원에 따른 메커니즘 분류

기원 분류	염분화 메커니즘	일반적 부존환경
A0. 해양기원	A1. 해양기원 퇴적층	해안 지역
	A2. 해수면 변동	해안 지역
	A3. 해수 범람	해안 지역
	A4. 해수의 측면 침입	해안 지역
	A5. 해수 분무(에어로졸)	해안 지역
	A6. A2, A3 유형 혼합	해안 지역
	A7. A1, A2, A3 유형 혼합	해안 지역
B0. 자연적 육상기원	B1. 증발에 의한 농축	건조기후의 얕은 수면 형성 지역
	B2. 염광물 용해	소금 지각 지역, 할라이트 또는 기타 용해 가능한 지층이 있는 지역

기원 분류	염분화 메커니즘	일반적 부존환경
B0. 자연적 육상기원	B3. 소금 여과막 효과	저투수층이 포함된 두꺼운 퇴적분지
	B4. 화산활동으로 인해 생성된 초생수 및 기타 생성물	화산활동 지역
	B5. B1과 B2 유형 혼합	건조기후의 얕은 수면 지역과 용해 가능한 염분 지층을 포함하는 대수층
C0. 인위적 육상기원	C1. 관개수에 의한 염분화 (고농축 잔류수 유입)	건조/반건조 기후
	C2. 인위적으로 오염된 지하수	도심이 발달 지역
D0. 혼합기원	D0. A, B 또는 C 유형 혼합 및 기타 다른 염지하수 유형	수리구배로 혼합작용이 용이한 지역

출처: van Weert 외, 2009.

출처: van Weert 외, 2009.

[그림 1] 전 세계적인 염지하수 부존 및 기원

1. 제주도 염지하수의 기원

제주도 동부 지역은 과거부터 지하수에 다량의 염분이 함유되어 있어 용수 이용에 많은 불편을 겪어왔다(고기원, 1997). 제주도 동부 지역의 고염분 지하수 기원에 대해서 크게 3가지 관점에서 논의되었다: (1) 지하수의 과잉 양수에 의한 해수의 침투 현상(최순학, 1988; 최순학·김영기, 1989; 최순학 외, 1991; 최윤영 외, 1998; 이진용 외, 2007), (2) 토양 및 사구층 내 염분 침투(윤정수, 1986), (3) 지질적 구조에 의한 자연적인 고염분 지하수의 부존(고기원, 1997; 제주도, 2001). 앞선 지하수 과잉 양수에 의한 해수 침투 주장에 대해서, 고기원(1997), 제주도(2001)는 제주도 동부 지역은 서부 지역에 비하여 지하수 이용량이 40%가 적고 지하수 이용량이 지속이용 가능량의 16.5%에 불과하지만 지하수의 염수화 현상이 관찰되고, 제주도 서부 지역은 동부 지역처럼 염수화 현상이 나타나지 않는다고 보고하여 해수침투 현상의 원인이 과잉 양수로 인한 것으로 보기에는 한계가 있음을 언급하였다.

제주도의 지하에는 화강암으로 이루어진 기반암 상부에 플라이오세에 퇴적된 미고결 퇴적층인 U층이 분포한다(고기원, 1997). U층의 상부에는 저투수층의 역할을 하는 서귀포층이 존재하는데 이는 제주도 지하수의 부존 특성을 지배하는 중요한 인자로 제주도의 동쪽 지역은 서쪽 지역보다 2-3배 정도 깊은 곳에 위치한다. 서귀포층 상부에는 투수성이 좋은 용암류층이 분포하는데, 제주 동부 해안 지역에서는 두껍게 발달한 용암류층을 따라서 해수가 내륙으로 유입될 수 있는 지질학적인 조건을 갖추고 있다. 따라서, 제주도 염지하수의 기원은 앞선 van Weert 외(2009)의 염지하수 기원 분류표에서 A0. 해양기원-A4. 해양과 수리적으로 연결된 해안 대수층에서의 해수 측면

침입 유형에 속한다.

Ⅲ. 염지하수의 부존형태

제주도의 지하수 부존형태는 담-염수 경계면의 분포, 서귀포층의 분포, 지하수위의 분포 및 변동특성, 지하수의 수리경사 등을 고려하여 [그림 2]와 같이 기저지하수, 준기저지하수, 상위지하수의 3가지 형태로 분류된다(고기

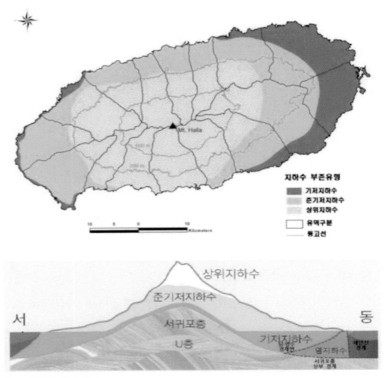

출처: 제주특별자치도, 2018.

[그림 2] 제주도 지하수 부존형태(위) 및 염지하수 부존도(아래)

원. 2006). 제주도에서 염지하수는 저투수층인 서귀포층 상부와 기저지하수체 하부인 담-염수 경계면 사이에 위치하고 있기 때문에, 염지하수 부존에 직접적인 영향을 주는 기저지하수의 부존 특징에 대해서 다루고자 한다.

기저지하수란 해수의 혼합 영향을 받는 지하수체로, 염수와 담수의 비중 차이에 의한 Ghyben-Herzberg 원리(이하 "G-H 원리"라 함)에 의해 담수가 염수 상부에 렌즈형태로 부존하는 특징을 보인다. 제주도에서 기저지하수는 주로 동부 지역에 넓게 분포하고 있는데, 조천읍 북촌리에서 남원읍 위미리에 걸쳐 나타나며 해안으로부터 가장 먼 내륙으로의 거리는 약 8.8km에 이른다(그림 2). 기저지하수는 동부 지역과 함께, 서부의 한림읍 수원리에서 귀덕리에 이르는 해안 지역, 한경면 해안 지역 일대 및 모슬포 하모리-산이수동의 해안 지역을 따라서도 부존한다.

기저지하수체가 제주도 동부 지역에 넓게 부존하고 있고, 서부 지역에서는 해안변에 국지적으로 위치하는 주요 원인은 저투수층인 서귀포층의 지하 발달 상태이다. G-H 원리가 적용되는 기저지하수가 부존하기 위해서는 해안변 지역에 투수성이 좋은 지층이 분포하고 있어야 한다. 투수성이 양호한 해안변 지층의 틈을 통해 내륙 쪽으로 들어온 해수는 고지대에서 바다 쪽으로 흘러 내려오는 담수지하수와 만나 혼합이 되고, 담수와 해수의 중간 정도의 조성을 갖는 염지하수가 형성되게 된다. 제주도 지하 지질구조는 투수성이 좋은 화산암 하부에 저투수층인 서귀포층이 분포하는데, 화산암은 해수 침투가 발생할 수 있는 지질 조건을 가지나 서귀포층은 해수침투 발생을 차단하는 역할을 한다. [그림 3]의 동부 성산유역에서의 지질단면도를 보면, 서귀포층 출현심도는 수산 1·2 호공에서는 각각 El. -101.7m, El. -90m로

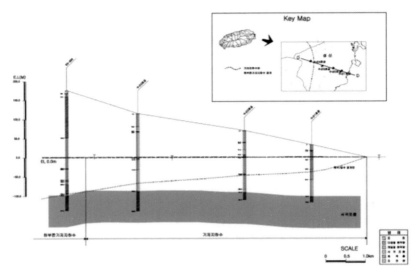

출처: 제주도, 2003.

[그림 3] 성산유역 지질단면도

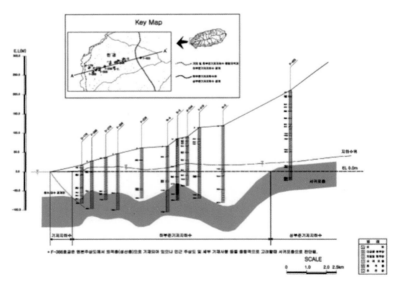

출처: 제주도, 2003.

[그림 4] 한경유역 지질단면도

이론적인 G-H비에 의해 담수렌즈가 형성될 수 있는 깊이 이하에 서귀포층이 분포하고 있음을 알 수 있다. 그러나, [그림 4]의 서부 한경유역의 경우 서귀포층은 D-179 및 F-366 관정에서 각각 El. -69.1m, El. -51.0m에 출현하여 해수침투가 내륙으로 깊게 일어나지 못하도록 차단하고 있다.

1. Ghyben-Herzberg 원리(G-H 원리)

해수와 담수의 밀도 차이에 의한 정역학적 관계를 정의하는 원리로서, Ghyben(1889)과 Herzberg(1901)로부터 유래하였다. [그림 5]에서 담-염수 경계면에 작용하는 담수와 염수의 압력(Pₛ: 염수의 압력, Pf: 담수의 압력)은 동일하므로, 아래의 (식 1)로 표현할 수 있다.

$$P_s = P_f \qquad\qquad (식 1)$$

$$\rho_s g z = \rho_f g (z + h_f) \qquad\qquad (식 2)$$

$$z = \frac{\rho_f}{(\rho_s - \rho_f)} h_f \qquad\qquad (식 3)$$

(식 2)에서 ρ_s와 ρ_f는 각각 염수와 담수의 밀도이며, z는 담수체 하부 경계와 평균해수면까지의 높이이고, h_f는 평균해수면 상부 담수체의 높이이다.

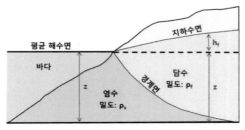

[그림 5] 해안 지역에서 염수 및 담수 부존도

위의 (식 3)에서 담수와 염수의 밀도(ρ_f=1.000g/cm^3, ρ_s=1.025g/cm^3)를 대입하면 아래의 (식 4)로 정리할 수 있다.

$$z = 40h_f \qquad \text{(식 4)}$$

즉, 자유면 해안대수층에서 담-염수 경계면은, 해수면 상부의 지하수위 높이의 40배에 해당하는 깊이까지 부존할 수 있다. 여기서, 1:40의 비율을 "G-H비"라 한다.

제주도(2002)에서는 제주 동부 지역의 경우 G-H비가 최소 1:13에서 최대 1:31, 평균 1:19의 G-H로 나타나 1:40의 G-H비를 따르지 않는다고 보고하였다(표 4). 제주도 동부 지역에서는 일반적인 G-H비에 의한 담수지하수체보다 두께가 얇은 담수렌즈가 형성되고 있는데, 이에 대한 원인으로는 (1) 지하수 함양량, (2) 지하수 이용량, (3) 연안 지역에 피압층의 존재 유무, (4) 대수층의 수리적 특성과 (5) 제주도 주변 지역 해수의 밀도 등이 있다. 앞선 다양한 원인 중에서, 제주 동부 지역에서의 담수렌즈 두께는 지하지질적인 요인과 대수층의 수리적 특성에 의해 좌우된다. 즉, 동부 지역은 해수침투를 차단하는 서귀포층이 El. -70~-110m의 깊은 심도부터 출현하여 서귀포층 상부의 투수성이 좋은 화산암층이 두껍게 발달하며, 또한 동부 지역 화산암의 수리전도도는 다른 지역에 비해서 높기 때문에 해수가 내륙 깊이 유입될 수 있는 수리지질학적 특징을 갖는다.

[표 4] 제주도 동부지역 관측정의 담수렌즈 두께와 G–H비

관측정명	표고 (m)	자연수위 (m)	담수렌즈체 두께		G–H비
			이론적 두께	실측두께	
한동1호공	14.79	1.80	72m	33.18m	1:18
한동2호공	42.22	2.00	80m	35.15m	1:18
한동3호공	112.25	2.43	97.2m	67.69m	1:28
수산1호공	33.33	0.90	36m	27.56m	1:31
수산2호공	70.47	2.30	92m	29.21m	1:13
수산3호공	115.06	2.40	96m	48.33m	1:20
신촌영구정	17.90	0.80	32m	22.73m	1:28

출처: 제주도, 2002.

염지하수의 부존량은 기저지하수의 하부경계인 담-염수 경계면에서부터 저투수층인 서귀포층 상부까지의 화산암층의 공극에 부존하고 있는 지하수의 체적으로 산정할 수 있다. 제주도(2002)의 "제주도 수문지질 및 지하수자원 종합조사(Ⅱ)"에서는 제주 동부 지역에서 실측된 담수렌즈 두께자료를 이용하여 기저지하수의 체적과 염지하수 부존량을 산정하였다. 제주도(2002)에서 산정된 제주 동부 지역의 염지하수 부존량은 공극률 5% 적용 시 최대 61백만m³, 공극률 12% 적용 시에는 최대 1.48억m³로 나타났다. 제주특별자치도(2018)의 "2018-2027 제주특별자치도 수자원관리종합계획"에서 염지하수가 부존할 수 있는 지층의 체적은 242억m³이며 평균 제주도 현무암의 평균 공극률 40%를 적용 시 염지하수 부존량은 96.7억m³로 산정되어 앞선 제주도(2002)의 추정값과 큰 차이를 보이고 있다.

Ⅳ. 염지하수의 수질 특징

1. 수리화학 및 동위원소 분포 특징

양식에 사용되는 사육수의 수질은 어류 생장에 큰 영향을 미치므로, 제주도 양식산업에 주로 이용되는 염지하수 수질의 지역적 · 계절적 변화를 파악하는 것은 매우 중요하다. 이에, 김성수 외(2003)는 제주도 전 연안에 위치한 염지하수 관정을 대상으로 염지하수 수질의 지역별 및 계절별 변동 특성을 평가하였다. 염지하수의 수온은 16.5~18.8°C로 계절변동 양상이 뚜렷하지 않았으나, 해수의 변동 폭은 12.1~28.6°C로 염지하수보다 계절별 차이가

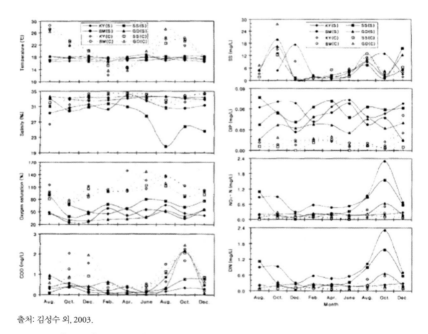

출처: 김성수 외, 2003.

[그림 6] 1994년 8월부터 1995년 12월까지 염지하수와 해수에서의 수온,
염분, 산소포화도 및 COD, SS, PO₄-P, NH₄-N, NO₃-N 계절적 변화
(KY: 김녕, SS: 신산, BM: 보목, GD: 귀덕, S: 염지하수, C: 해수)

매우 크다(그림 6). 염분은 염지하수 20.60~34.02ppt, 해수 26.47~34.53ppt로 염지하수가 해수보다 염분의 변동 폭이 다소 크며, 하계인 8월 해수에서 32.0ppt 이하의 저염 현상이 관측되었는데 이는 염분이 낮은 중국대륙 연안수가 제주도 연안에 영향을 준 것으로 보인다.

수소이온(pH)농도는 염지하수 7.69~8.08로 해수의 7.92~8.38보다 낮은 특징을 보인다(그림 6). 용존산소포화도의 연변동 폭은 염지하수(24.7~89.8%)로 해수(69.4~149.3%)보다 작으며, 대부분의 염지하수에서 60% 이하의 산소 불포화상태가 측정되었다. 화학적산소요구량(COD)은 염지하수 0.05~2.15mg/L, 해수 0.05~2.46mg/L로 서로 비슷한 연변동 폭을 보이며, 해수의 경우 대체로 가을 및 겨울에 COD값이 다소 높아지는 경향을 보인다. 부유물질(SS) 또한 염지하수(0.7~19.7mg/L), 해수(0.3~27.6mg/L)로 서로 비슷한 범위를 갖는다. 용존무기인(PO_4-P)은 염지하수(0.014~0.077mg/L)가 해수(0.000~0.051mg/L)보다 크며, 암모니아성질소(NH_4-N)는 염지하수(0.000~0.085mg/L)와 해수(0.000~0.068mg/L)가 서로 비슷한 값을 가지며, 아질산성질소(NO_2-N)는 염지하수(0.000~0.012mg/L)가 해수(0.000~0.028mg/L)보다 다소 작은 값을 갖는다. 질산성질소(NO_3-N)는 염지하수(0.070~2.294mg/L)가 해수(0.003~0.512mg/L)보다 연변동 폭이 큰데, 신산과 보목의 염지하수에서 1995년 10월에 현저히 높은 질산성질소 농도가 관측되었다. 용존무기질소(DIN)는 염지하수(0.113~2.309mg/L)가 해수(0.021~0.443mg/L)보다 큰 변동 폭을 보여 질산성질소의 계절적·지역적 변화와 유사한 변동 양상을 보이고 있다. 해당 연구결과, 제주도 염지하수 수질성분들은 어류 생장에 악영향을 줄 수 있는 농도보다 현저히 낮은 수준으로 나타나 제주도 염지하수 수질은 양식수로서 매우 적합한 것으로 제시되었다.

송성준 외(2007) 및 Kim 외(2003)는 제주도 동부 해안 지역 지하수의 염수화 현상을 해석하기 위해서 수리화학 및 동위원소 분석을 수행하였다. [그림 7]의 주요 이온성분, Cl/HCO₃비, Br/Cl비 및 염소이온 간의 이변량 그

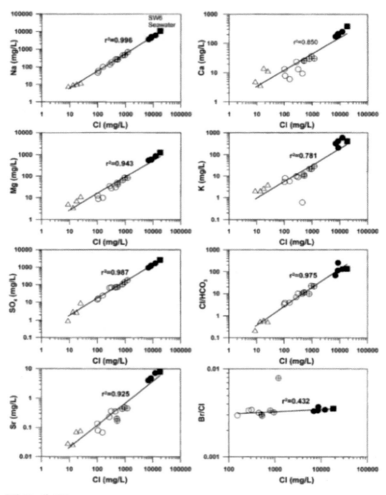

[그림 7] 제주 동부 염지하수의 화학성분 이변량 그래프

래프에서 대부분의 성분들은 Cl과 강한 상관관계를 보여 동부 지역 지하수의 염수화는 동일한 기원에 의해 영향을 받고 있음을 제시하였다. 또한, 지하수에서 Cl과 함께 보존적 화학성분인 Br을 이용한 Cl과 Br/Cl비 이변량 그래프에서, Cl 농도가 증가함에 따라서 Br/Cl비는 일반적인 해수 범위값 (0.0033~0.0037)을 유지하고 있어 제주 동부 지역 염지하수는 해수와의 혼합에 기인함을 제시하였다.

일반적으로 지하수에서 산소와 수소 안정동위원소는 80°C 이하의 수온을 갖는 천부 대수층 시스템에서는 보존적으로 거동한다고 알려져 오고 있다(Clark와 Freeze, 1997). 따라서, 물 안정동위원소의 보전적인 거동 특징을 이용하면 해안 대수층에서의 염분화 과정에 대한 평가가 가능하다. [그림 8과 9]

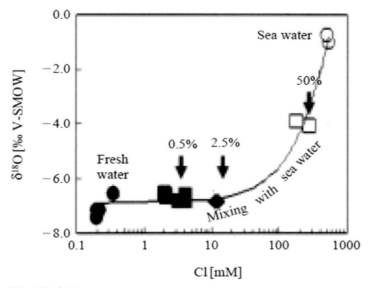

출처: 송성준 외, 2007.

[그림 8] 제주 동부 지하수 및 해수에서의 염소이온(Cl)과
산소 동위원소(δ¹⁸O) 관계 그래프

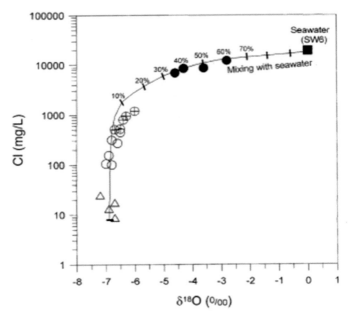

출처: Kim 외, 2003.

[그림 9] 제주 동부 지하수 및 해수에서의
산소 동위원소(δ¹⁸O)와 염소이온(Cl) 관계 그래프

의 제주 동부 염지하수의 Cl과 $\delta^{18}O$의 관계에서 염분 함량이 높은 지하수는 담수와 해수 사이에 독립적인 그룹을 형성하고 있으며, 이는 지하수의 염수 화 과정이 해수와의 단순 혼합에 의해 일어났음을 시사한다. 담지하수와 해 수의 Cl 함량을 가지고 계산된 염지하수의 해수와의 혼합률은 0.03~51%(그 림 8) 및 4~60%(그림 9)로 산정되었으며 해안에 위치한 관정일수록 해수 혼 합률은 증가하고 있다.

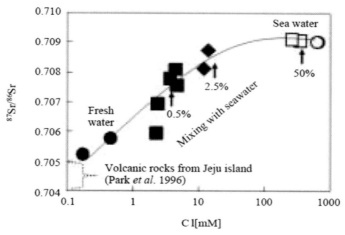

출처: 송성준 외, 2007.

[그림 10] 제주 동부 지하수 및 해수에서의 염소이온(Cl)과
스트론튬 동위원소비($^{87}Sr/^{86}Sr$) 관계 그래프

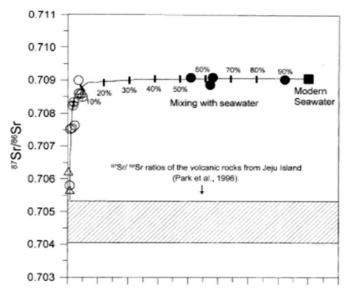

출처: Kim 외, 2003.

[그림 11] 제주 동부 지하수 및 해수에서의 스트론튬이온(Sr)과
스트론튬 동위원소비($^{87}Sr/^{86}Sr$) 관계 그래프

자연계의 스트론튬(Sr) 동위원소는 광물의 기원에 따라 ^{86}Sr에 대한 ^{87}Sr
의 존재비(^{87}Sr/^{86}Sr)가 다르며(Capo 외, 1998), 질량이 무거워 자연계에서는 동
위원소 분별작용이 일어나지 않기 때문에, ^{87}Sr/^{86}Sr는 지하수의 혼합, 암석
과의 상호작용 그리고 물의 기원에 대한 추적에 널리 사용되고 있다(Lyons
외, 1995; Bohlke와 Horan, 2000). [그림 10 및 11]에서 현무암 중의 ^{87}Sr/^{86}Sr비는
0.704~705(박준범 외, 1996)이고, 해수는 0.70915이다. 지하수에서의 Cl과 Sr
농도가 증가함에 따라 ^{87}Sr/^{86}Sr비 또한 해수의 값에 근접하고 있어, 해수와
지하수의 단순혼합과정에 의해서 염지하수의 염분 함량이 높아졌음을 시사
한다.

Kim 외(2003)는 제주도 지역별로 지하수의 염분화에 미치는 수문학적 특
징 영향(지형경사, 수리경사 및 지하수 배출량)을 해석한 결과(그림 12), 제주 동부 및
서부 지역에서 가장 낮은 지형경사를 보이며, 수리경사는 지형경사와 양의
상관관계를 나타내고 있었다. 가장 낮은 수리경사를 갖는 동부 지역은 반대
로 가장 높은 수리전도도 값을 보여, Darcy의 법칙과 일치하는 결과가 도출
되었다. 동부 지역에서는 또한, 제주 다른 지역보다는 낮은 지하수 유출률을
나타내고 있었다. 따라서, 제주 동부 지역에서의 낮은 수리경사, 높은 수리전
도도 및 낮은 지하수 유출률로 인해서 해수가 내륙으로 쉽게 침투할 수 있는
수리지질학적 조건을 갖추고 있음이 밝혀졌다

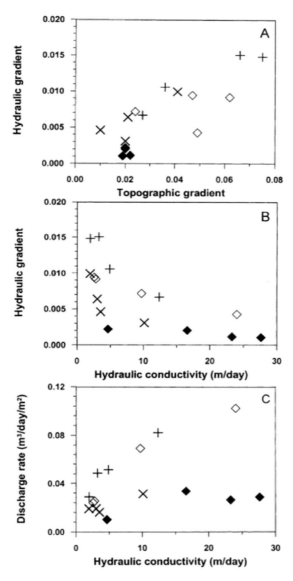

출처: Kim 외, 2003.

[그림 12] 제주 동부 지역 염지하수 조사대상 관정의 A: 지형경사와 수리경사, B: 수리전도도와
수리경사, C: 수리전도도와 지하수 유출률 관계 그래프(◆: 동부, ×: 서부, ◇: 남부, +: 북부)

2. 염지하수 내 담수 지하수 혼합비율

염지하수는 담수인 지하수와 해수가 혼합되어 나타나므로, 해수와 담수 지하수의 염소이온 농도를 갖고 염지하수 내 담수 혼합비율을 계산할 수 있다. 제주연구원(2019)에서 제주도 동부 및 서부 지역 염지하수에서의 담수 지하수 혼합비율 산정을 위해서 염지하수 및 지하수의 염소이온 농도를 분석한 결과(표 5), 지역별 염지하수의 염소이온 농도는 구좌읍이 17,936mg/L로 가장 높고, 성산읍과 표선면이 각각 16,054mg/L, 16,908mg/L, 한림읍 15,679 mg/L, 대정읍 12,414mg/L이며, 한경면이 9,214mg/L로 가장 낮은 것으로 분석되었다. 동부 및 서부 지역 지하수의 염소이온 평균농도는 동부 지역이 9 mg/L, 서부 지역이 54mg/L로 나타났으며, 지역별 염소이온 농도는 한경면이 69mg/L로 가장 높고, 대정읍 59mg/L, 한림읍 16mg/L, 성산읍 14mg/L, 구좌읍 9mg/L, 표선면 8mg/L로 서부 지역이 비교적 높은 것으로 분석되었다.

[표 5] 제주도 지역별 염지하수 및 지하수 염소이온 농도

구분		염지하수 염소이온 농도 (mg/L)	염지하수 자료수	지하수 염소이온 농도 (mg/L)	지하수 자료수
동부	구좌읍	17,936	241	9	49
	성산읍	16,054	464	14	21
	표선면	16,908	348	8	141
	평균	16,767	1,053	9	211
서부	대정읍	12,414	62	59	954
	한경면	9,214	5	69	378
	한림읍	15,680	52	16	255
	평균	13,707	119	54	1,587
계		-	1,172	-	1,798

출처: 제주연구원, 2019.

해수와 앞서 조사된 지하수에서의 염소이온 농도를 이용하여 염지하수에서의 담수 지하수 혼합률을 분석한 결과, 염지하수에서 평균 13.4% 정도의 담수 지하수가 혼합되는 것으로 나타났다(제주연구원, 2019). 지역별로 염지하수 내 담수 지하수 혼합률이 차이가 나타나는데 동부 지역은 평균 11.8%, 서부 지역은 약 27.9%로 서부 지역 혼합비율이 높게 나타났다(그림 13). 읍면별 혼합비율 분석 결과, 한경면이 51.7%로 가장 높은 비율을 보이고, 대정읍 34.8%, 한림읍 17.5% 순으로 분석되었다. 전체적으로 서부 지역이 동부 지역보다 약 3배 이상 혼합비율이 높게 나타났다.

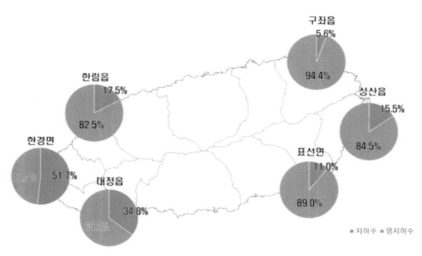

출처: 제주연구원, 2019.

[그림 13] 염지하수 내 지하수 혼합비율

V. 염지하수 영향 인자

1. 조석

해안 지역 지하수는 조석 변화에 의한 압력파 전달로 조석주기에 따라서 지하수위가 주기적으로 상승하고 하강하는 패턴을 보인다(Ferris, 1951). 김구영 외(2005)는 제주 동부 지역에 위치한 지하수 관측정에서 조석에 의한 지

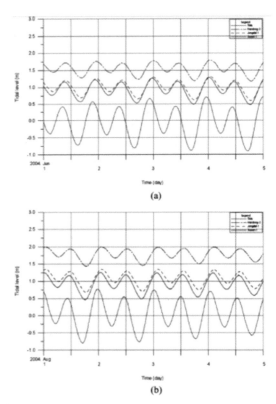

출처: 김구영 외, 2005.

[그림 14] 제주도 동부 지역 한동2, 종달1, 수산1 지하수 관측정에서의 조위 및
지하수위 변동 그래프: (a) 측정간격: 30분, (b) 측정간격: 5분

하수위 변동 영향을 분석한 결과, 해양조석의 영향으로 인해 지하수위가 변동하는 관정은 한동1과 2, 종달1과 2, 수산1과 2호공이었으며, 제주도 동부 지역에서 조석이 영향을 미치는 범위는 해안으로부터 3~5km 사이임을 밝혔다(그림 14).

오윤근(2000)은 조석에 따른 제주 동부 지역 염지하수의 수질특성을 분석한 결과(그림 15), 해안에서 2.0km 떨어져 있고 조석효율 13.57%로 조석의

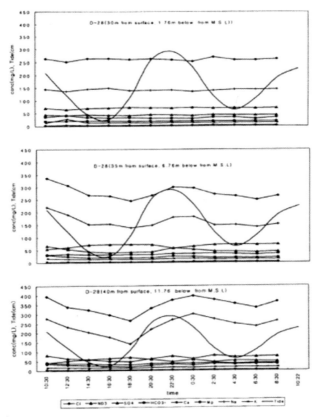

출처: 오윤근, 2000.

[그림 15] 제주 동부 D-028 관정의 심도 1.76m, 6.76m, 11.76m에서
시계열 수질 및 조석 변화

영향이 나타나는 지하수 관정에서 수질 관측 심도가 깊어짐에 따라서 조석에 따른 수질 변화 폭이 증대되고 있었다. 이는, 균열 및 절리와 같은 투수성 구조가 지하에 발달하여 조석 변동에 의한 담-염수 경계면 영향이 나타날 수 있음으로 해석하였다. 해당 관정에서 고조와 저조 시기에 따른 지하수 수질 변화는 2~2.5시간의 지연시간을 갖고 나타나, 조석 변화에 의한 지하수위 변동은 즉각적으로 발생하나 수질 변화는 다소 늦게 일어나고 있음을 밝혀냈다.

2. 수리지질구조

고창성(2020)은 제주 동부 구좌 지역 지하지질구조와 염지하수 부존특성 상관성 분석을 통해서, 구좌 지역에 형성되어 있는 담·염수 경계면의 형성을 규제하는 3가지의 지질요소를 (1) 파호이호이 용암류에 발달한 절리 또는 파쇄대, (2) 파호이호이 용암류의 치밀질 구간과 (3) 유리쇄설성 각력암층으로 구분하였다(그림 16). 파호이호이 용암류에 발달된 절리 내지 파쇄대와 같은 지질구조들과 더불어 조직이 치밀질 구간은 지하수의 유동 또는 부존에 있어 주요한 요소로 알려져 있으나, 앞서 분석된 지질구조의 발달 및 분포특성에 따른 전기전도도의 변화는 서로 간에 큰 규칙성이 나타나지 않았다. 그러나, 전기전도도의 급격한 증가는 대부분 유리쇄설성 각력암층이 발달된 구간에서 나타나며, 절리나 파쇄대 구간에서는 상대적으로 낮은 증가 양상을 보이고 있다. 이는, 유리쇄설성 각력암층이 염수의 주된 통로 역할을 하는 것을 지시하며, 절리나 파쇄대는 이들 사이에 연결성이 다소 떨어지는 것으로 해석하였다.

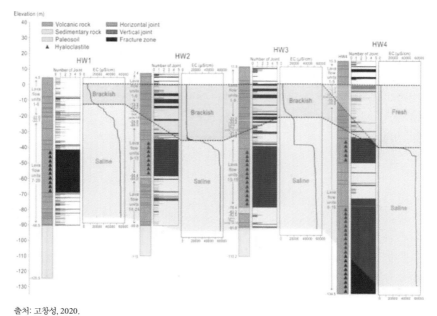

출처: 고창성, 2020.

[그림 16] 전기전도도 수치에 따라 구분된 지하수 유형과 시추공 층서, 구조분석 자료 대비

Kim 외(2013)는 제주도 동부 지하에 위치하는 고투수층인 클링커 및 유리 쇄설성각력암층(HPL)이 염지하수의 담-염수 혼합에 미치는 영향을 지하수 수치모델로 분석하였다. 모델 결과, 한동1, 2 및 3 관측정 지질주상도에서 출현하는 HPL(그림 17)이 실제 한동3과 4에서 관측된 담-염수 경계면의 급격한 하강과, 한동1과 3에서 나타나는 급격한 담-염수 경계면의 발달 및 한동 2에서의 두꺼운 담-염수 전이대층 형성에 영향을 주고 있음을 밝혀냈다. HPL의 수평 길이와 수직 두께를 다양하게 변화시키는 시나리오 모델링 결과, HPL의 수평 길이 증가와 수직 두께가 감소하는 경우 더 많은 해수가 내륙으로 침투하는 것을 모의하였다. 또한, 해수면 상승으로 인한 담-염수 경계면 변화를 예측한 결과, HPL이 지하 매질에 분포하는 경우 해수 침투가

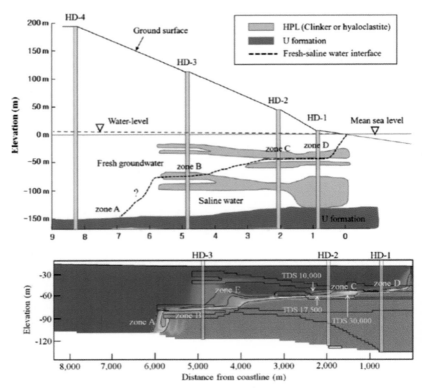

출처: Kim 외, 2013.

[그림 17] 제주도 동부 한동 지역의 수리지질단면도(위) 및 염분 모델 결과(아래)

심화되는 양상이 나타나 HPL이 발달된 제주도 동부 지역에서 향후 기후변화에 의한 해수면 상승으로 해수 침투가 강력하게 발생할 수 있음을 시사하였다.

3. 지하수 양수

해안 지역 대수층에서는 지하수 양수로 인하여 지하수위가 낮아짐과 동

시에 발생하는 지하수 압력 감소로 해수가 내륙의 지하수로 침투하는 현상
이 발생한다고 알려졌다. 국토교통부/국토교통과학기술진흥원(2020)의 "제
주 동부 지역 담·염수 경계특성 예측분석 기술개발" 보고서에 따르면, 지
하수 수치모델을 통해 모의된 제주도 구좌 지역의 담-염수 분포(그림 18)에서
지하수 양수가 없었던 지하수 개발 전 시기에는 해안변에서만 염지하수가

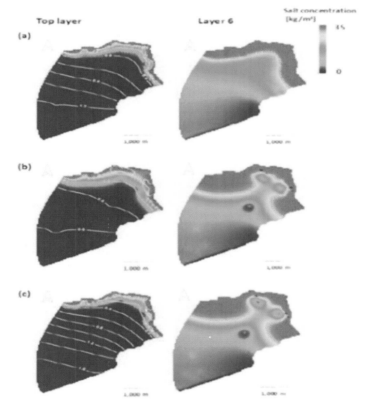

출처: 국토부/국토교통과학기술진흥원, 2020.

[그림 18] 제주 동부 구좌 지역에서 지하수 개발 전(a)과 개발 후인 (b)2019년 4월,
(c)2019년 10월 담-염수 분포 모델 결과

위치하고 있었지만, 2019년에는 지하수 양수로 인하여 내륙 쪽으로의 해수 침투 현상이 가속화되어 고염분 지하수가 분포하고 있음이 모의되었다. 이를 통해서, 제주 동부 염지하수는 해수가 내륙으로 유입 가능한 수리지질구조로 자연적으로 발달됨과 동시에 지하수 이용으로 인한 해수 침투 현상이 동시에 발생하고 있음이 제시되었다.

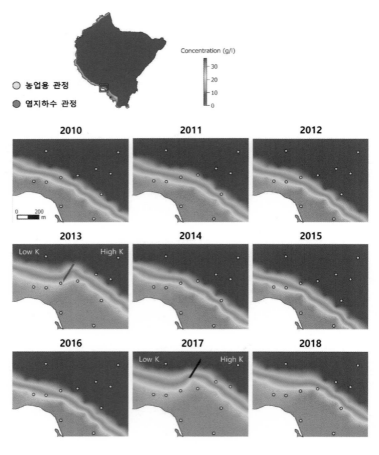

출처: 제주연구원, 2019.

[그림 19] 2013년과 2017년 가뭄에 의한 해수침투 영향 모델링 결과

또한, 제주연구원(2019)에서는 지하수 수치 모델링을 통해서 제주 서부 한경과 대정유역에서의 가뭄과 지하수 양수에 의한 해수침투 영향을 평가하였다. 모델 결과, 가뭄 시기인 2013년과 2017년에 해수침투 영역이 확장되며 (그림 19), 수리전도도가 높은 고투수성의 해안 지역에서 해수침투 영역의 확장이 뚜렷하게 모의되었다. 이는, 서부 해안 지역 염수체의 확장 또는 수축이 주로 강수의 함양량 변화에 의하여 발생하며, 특히 가뭄 해에 고투수성 지역에서 뚜렷한 것으로 확인되었다. 또한, 염지하수 양수에 따른 해수침투 영향 모델 결과, 저투수층 지역에서는 자연적인 해수침투가 거의 제한적으로 발생하지만, 대용량의 염지하수를 개발할 경우 이로 인하여 해수침투가 유발되며 염지하수 관정 수가 증가하면서 해수침투 영역이 확장됨을 밝혔다.

VI. 염지하수의 개발 및 이용 현황

1. 염지하수 개발 현황

2020년 현재 제주도 내에는 1,540개의 염지하수 관정이 개발되어 있으며, 1일 취수허가량은 9,037천 m^3이다(그림 20, 표 6). 용도별로는 농어업용이 1,373공으로 전체 염지하수 관정의 89%를 차지하고 있고, 생활용 140공, 공업용 7공이며, 허가된 관정의 97%인 1,487공이 민간에서 개발한 사설관정이며, 공공용은 53공에 불과하다. 사설 농어업용 염지하수 관정의 1일 취수허가량은 8,929천 m^3로 전체 염지하수 관정 취수허가량의 99%를 차지하고 있다.

[그림 20] 제주도 염지하수 관정 위치도(2020년 기준)

[표 6] 제주도 염지하수 개발현황(2020년 기준)

(단위: 천m^3/일)

구분		계	생활용	공업용	농어업용	조사관측용
계	공수	1,540	140	7	1,373	20
	허가량	9,037	34	12	8,990	0
공공	공수	53	11	3	19	20
	허가량	108	6	12	90	0
사설	공수	1,487	129	4	1,354	0
	허가량	8,929	28	0	8,901	0

출처: 제주특별자치도 물정책과 내부자료.

지역별로는 제주 동부 지역에 개발된 염지하수 관정 수는 1,056공으로 전체 염지하수 관정 수의 69%를 차지하고 있다(표 7). 제주 서부와 남부는 각각 224공 및 223공으로 비슷한 염지하수 관정 수가 나타나며, 북부는 9공으로 염지하수 관정이 가장 적게 분포하고 있다. 세부업종별로는 양식장에 해당하는 어업이 1,373공으로 전체의 89%를 차지하며, 횟집 수조수에 이용되는 식품접객이 120공, 관측용 19공, 도서 지역 상수도 시설 6공, 음료제조 3공이다.

[표 7] 지역별 및 세부업종별 염지하수 개발현황

(단위: 공)

구분	읍면동	개인서비스업	관광휴양	관측용	도소매업	상수도시설	숙박업	스포츠오락	식료품제조	식품접객	어업	업무시설	음료제조	조사용	총합
계		2	2	19	2	6	2	4	4	120	1373	2	3	1	1540
동부		2	1	11	1	0	2	1	1	92	939	2	3	1	1056
	성산읍		1				2		1	41	408				453
	표선면			1	1			1		23	228				254
	구좌읍	1		10						25	263	2	3	1	305
	조천읍	1								3	40				44
서부		0	1	7	0	3	0	1	1	0	211	0	0	0	224
	대정읍			6		3		1	1		82				93
	애월읍		1								46				47
	한경면			1							28				29
	한림읍										55				55
남부		0	0	0	0	0	0	2	1	9	211	0	0	0	223
	동지역								1	2	26				29
	남원읍							2		7	185				194
북부		0	0	0	1	0	0	0	0	0	2	6	0	0	0	9
	동지역				1						2	6				9
섬지역		0	0	1	0	3	0	0	1	17	6	0	0	0	28
	우도면					3			1	17	6				27
	추자면			1											1

출처: 제주특별자치도 물정책과 내부자료.

2. 염지하수 이용 현황

1) 양식장

제주도 염지하수의 수온은 연중 16~18℃로 계절적인 수온 변화 폭이 작으며, 연중 염분과 비중의 변화가 적고, 해수보다 낮은 세균 수로 인해 제주도 넙치양식에 염지하수가 활발하게 이용되고 있다(강영훈, 2001). 제주연구원(2019)에 따르면, 2018년 기준 284개소 양식장에서 이용 중인 염지하수 개발·이용 시설은 1,006공이며, 취수허가량은 7,685천 m^3/일이다(그림 21). 생활용 염지하수 1공당 평균 취수허가량은 194 m^3/일이지만, 어업용 염지하수의 1공당 평균 취수허가량은 7,295 m^3/일로 약 37배 정도 어업용 염지하수의 취수허가량이 많다. 이는, 제주도 양식장은 대부분 수조에 물을 연속적으로 공급하고 그대로 흘려보내는 방식인 유수식 방법을 이용하고 있기 때문이다.

출처: 제주연구원, 2019.

[그림 21] 제주도 양식장 분포 현황

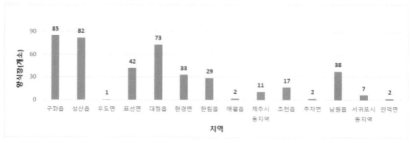

출처: 제주연구원, 2019.

[그림 22] 지역별 양식장 현황

제주연구원(2019)에서 보고된 제주도 지역별 양식장 운영 현황은, 염지하
수 관정이 밀집한 동부 지역에 210개소로 전체 49.5%를 차지하고, 서부 지
역은 135개소로 31.8%를 차지한다. 특히, 구좌읍에는 85개소, 성산읍 82개
소, 대정읍 72개소의 양식장이 밀집되어 운영되고 있는 것으로 나타났다(그
림 22). 또한, 양식장 1개소당 대부분 5공 이하로 개발 · 이용 중(표 8)이며, 염
지하수 관정당 취수허가량은 평균 7,639㎥/일이다. 대부분의 양식장에서는
염지하수를 5공 미만으로 개발 · 이용 중이며, 12개소의 양식장에서는 10공
이상의 염지하수를 개발 · 이용 중인 것으로 보고되었다(제주연구원, 2019).

[표 8] 양식장 염지하수 개발 · 이용 현황

염지하수 개발 공 수	3공 미만	3~5공	5~10공	10공 이상	합계
양식장(개소)	114	105	53	12	284
비율(%)	40.1	37.0	18.7	4.2	-

출처: 제주연구원, 2019.

[표 9] 지역별 염지하수 가동현황

구분		개발관정(공)	가동관정(공)	가동비율(%)
동부	구좌읍	169	138	81.7
	성산읍	329	233	70.8
	우도면	3	1	33.3
	표선면	187	123	65.8
	소계	688	495	71.9
서부	대정읍	62	26	41.9
	한경면	19	10	52.6
	한림읍	39	25	64.1
	소계	120	61	50.8
남부	남원읍	157	97	61.8
	서귀포시 동지역	7	5	71.4
	소계	164	102	62.2
북부	애월읍	2	0	0.0
	조천읍	32	23	71.9
	소계	34	23	67.6
합계		1,006	681	67.7

출처: 제주연구원, 2019.

양식장에서의 염지하수 관정 가동 여부는 전체 1,006공 중 681공(67.7%)
을 이용하고 있는 것으로 보고되었다(표 9; 제주연구원, 2019). 지역별로는 동부
지역이 688공의 염지하수 중 495공(71.9%)을 이용하고 있으며, 서부 지역은
120공 중 61공(50.8%)을 이용하고 있으며, 특히, 대정읍의 경우는 62공 중
26공만 이용하고 있는 것으로 조사되었다. 이와 같이 서부 지역 염지하수 관
정 가동률이 적은 요인으로는 수량이 부족하거나 탁도 발생, 염분농도가 낮
아 염지하수 이용이 어려운 것으로 확인되었다.

2) 용암해수

제주시 구좌읍 한동리에 총면적 19만 7,341㎡ 규모의 제주용암해수 일반 산업단지가 2015년도에 조성되어 제주 동부 지역에 부존하는 염지하수 개발·이용하고 있다(그림 23). 제주용암해수 산업단지에서는 염지하수를 생수, 음료, 향장품, 식품 등의 소재로 활용하면서 염지하수를 "용암해수"로 부르기 시작하면서 "용암해수"라는 용어가 만들어졌다. 용암해수 산업단지는 청정하고 지속이용 가능한 제주도의 용암해수자원을 체계적으로 개발하여 제주 지역의 산업구조를 고도화하고 용암해수산업을 제주의 신성장 동력산업으로 육성하여 자립경제 기반을 구축하는 데에 목적을 두고 있다. 제주용암해수 일반산업단지에는 음료제조사인 ㈜오리온 제주용암수를 비롯하여, 제주미네랄솔트 제조사, 화장품 원료 제조사(㈜콧데, ㈜에스크베이스 등)를 포함 2020년 15개 기업이 입주하여 용암해수를 활용하여 다양한 제품개발 및 생산이 이루어지고 있다(그림 24).

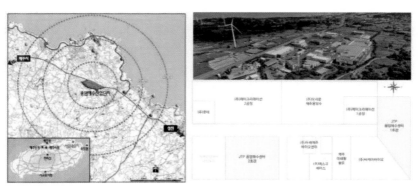

[그림 23] 제주 용암해수단지 위치도(출처: 제주테크노파크, 2019), 전경 및 산업단지 구성도

음료 Beverage

미네랄 소금 Mineral salt

식품 Food

해수농법 Farming methods

화장품 Cosmetics

기타 etc.

출처: 용암해수센터 홈페이지.

[그림 24] 용암해수를 이용한 산업 분야

참고문헌

강영훈, 2001, "제주도 육상양식장 증가에 따른 문제점과 해결방안에 관한 연구", 제주
   연구원.

김구영, 심병완, 박기화, 김태희, 성현정, 박윤석, 고기원, 우남칠, 2005, "제주도 동부
   지역 해안대수층의 조석에 의한 수리경사 변화 연구",『자원환경지질학회지』
   38(1), 79-89.

김성수, 김대권, 손팔원, 이창훈, 하동수, 2003, "제주도 염지하수 수질의 시·공간적 변
   화",『한국양식학회지』16(1), 15-23.

고기원, 1997, "제주도의 지하수 부존특성과 서귀포층의 수문지질학적 관련성", 부산대학교 대학원 박사학위논문.

고기원, 2006, "제주도 지하수의 특성과 수자원관리(Ⅱ): 제주지하수의 수문지질학적 특성", 『한국수자원학회지 물과 미래』 39(8), 80-89.

고기원, 박윤석, 박원배, 문덕철, 2003, "제주도 동부지역의 수문지질과 지하수 부존특성(Ⅰ)" 제11회 세계 물의날 기념 학술세미나, 제주의 물·세계의 물 제주의 자산.

고창성, 2020, "제주도 북동부 월정-행원 지역의 화산층서와 용암류 각력화작용을 동반한 해안 지역의 성장", 제주대학교 대학원 박사학위논문.

국토교통부, 국토교통과학기술진흥원, 2020, 제주 동부지역 담·염수 경계특성 예측 분석기술 개발 최종보고서.

박준범, 박계헌, 정창식, 1996, "제주도 화산암류의 Sr-Nd-Pb 동위원소 연구", 『암석학회지』 5(1), 89-107.

송성준, 박재우, 홍경애, 현해남, 고기원, 박원배, 김천수, 2007, "제주동북부 구좌수역 염지하수의 지화학적 및 동위원소적인 특성."

오윤근, 2000, "조석에 따른 제주도 동부지역 염지하수의 수질특성", 『해양연구논문집』 24, 109-117.

윤정수, 1986, "제주동부지역지하수의 고염도 요인에 관한 연구", 『제주도연구』 3, 43-53.

이진용, 이규상, 송성호, 2007, An Interpretation of Changes in Groundwater Level and Electrical Conductivity in Monitoring Wells in Jeju Island, *J. Korean Earth Science Society*, 28(7), 925935.

제주도, 2001, 제주도 수문지질 및 지하수자원종합조사(Ⅰ).

제주도, 2002, 제주도 수문지질 및 지하수자원 종합조사(Ⅱ).

제주도, 2003, 제주도 수문지질 및 지하수자원 종합조사(Ⅲ).

제주연구원, 2019, 서부유역 해수침투 원인분석 및 적정관리방안 마련.

제주테크노파크, 2019, (재)제주테크노파크 염지하수(취수정3,5호공) 지하수개발에 따른 지하수영향조사보고서.

제주특별자치도, 2018, 제주특별자치도 수자원관리종합계획: 2018-2027.

최순학, 1988, "제주도의 형성과 지하수 특성", 『제주도연구』 5, 59-77.

최순학, 김영기, 1989, 『제주도지하수의 수질특성』, 『지질학회지』 25(3), 230-238.

최순학, 김영기, 이동영, 1991, Sea Water Intrusion in the Coastal Area Of Cheju Volcanic Island, Korea. *Jour. Korean Inst. Mining Geol.*, 24(3), 319-327.

최윤영, 고병련, 심창석, 최정우, 고수현, 1998, "제주도동부지역에서 해수침입에 의한 지하수염분화에 관한 연구", 『한국수처리연구회』 6(4), 15-26.

Bohlke, J.K., Horan, M. 2000. Strontium isotope geochemistry of groundwaters and streams affected by agriculture, Locust Grove, MD. *Appl. Geochem.* 15:599-609.

Capo, R.C., Stewart, B.W., Chadwick, O.A. 1998. Strontium isotopes as tracers ecosystem processes: theory and methods. *Geoderma*, 82:197-225.

Chang, S.W., Chung, I.M., Kim, M.G., Yifru, B.A. 2020. Vulnerability assessment considering impact of future groundwater exploitation on coastal groundwater resources in northeastern Jeju Island, South Korea. Environmental Earth Sciences, 79, 498.

Clark, I., Fritz, P. 1997. Environmental Isotopes in Hydrogeology. CRC Press, New York.

Ferris, J.G. 1951. Cyclic fluctuations of water level as a basis for determining aquifer transmissibility, International association of scientific hydrology. Publ. 33, pp.148-155.

Freeze, R.A., Cherry, J.A. 1979. Groundwater, Prentice-Hall, Inc., Englewood Cliffs, NJ.

Ghyben, W. 1888. Nota in verband met de voorgenomen putboring nabij Amsterdam. *Tijdschrift van Let Koninklijk Inst. Van Ing.*

Herzberg, A. 1901. Die Wasserversorgung einiger Nordseebader. *J. Gasbeleucht. Wasserversorg.*, 44, 815-819.

Kim, K.Y., Han, W.S., Park, E. 2013. The impact of highly permeable layer on hydraulic system in a coastal aquifer. Hydrological Processes, 27, 3128-3138.

Kim, Y., Lee, K.S., Koh, D.C., Lee, D.H., Lee, S.G., Park, W.B., Koh, G.W., Woo, N.C. 2003. Hydrogeochemical and isotopic evidence of groundwater salinization in a coastal aquifer: a case study in Jeju volcanic island, Korea. Journal of Hydrology, 270, 282-294.

Lyons, W.B., Tyler, S.W., Gaudette, H.E., Long, D.T. 1995. The use of strontium isotopes in determining groundwater mixing and brine fingering in a playa spring zone, lake tyrrell. *Australia. J. Hydrol.* 67:225-239.

van Weert, F., van der Gun, J., Reckman, J. 2009. Global overview of saline groundwater occurrence and genesis. IGRAC Report GP-2009-1.

강원식

제주의 뱃길

• 강원식   제주대학교 해양산업경찰학과

Ⅰ. 머리말

흔히 뱃길이라고 하면 여객이나 물자를 운송하는 선박이 관습적으로 다니는 항로를 의미한다. 그런 의미에서 섬과 섬, 또는 육지와 섬 사이를 운항하는 선박이 새로운 노선에 취항할 때 '뱃길이 열렸다'라는 표현을 사용한다. 2021년 12월부터 "인천~제주 뱃길 다시 열렸다"라는 제목으로 뉴스 기사들이 등장했다. 세월호 참사 이후에 끊겼던 인천~제주 간 뱃길이 7년 8개월 만에 다시 열린 것을 알려주는 기사에서도 선박의 항로를 뱃길이라고 표현했다. 항로는 선박 등과 같은 운송 수단이 이동하는 경로나 방향을 의미한다. 다수의 선박이 일정한 길을 따라서 운항할 때 우리는 이것을 뱃길이라고

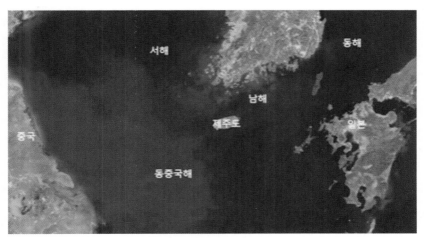

[그림 1] 제주도의 지정학적 위치

부를 수 있고 다른 말로 해상교통이라고 이야기할 수도 있다.

　제주도의 역사는 지금으로부터 7~8만 년 전의 구석기시대부터 시작된 것으로 파악되고 있다. 구석기시대의 유적으로 북제주군 애월읍 어음리 속 칭 '빌레못굴' 유적이 있는데 여기에서 시베리아나 알래스카 지방에서만 서 식하는 순록과 황곰의 뼈 타제석기 등이 발굴되었다. 제주에는 순록이나 황 곰이 있지 않으니 옛날에는 제주도가 대륙과 연결(연육설)되어 있었다는 가설 에 뒷받침되고 있다. 연육설에 따른 옛날이 아니더라도 사면이 바다인 제주 의 뱃길이 언제부터 시작되었고 어떤 과정을 거쳐 현재에 이르고 있는지, 그 리고 현재의 제주 뱃길은 어떠한가 궁금하지 않을 수 없다. 제주도는 우리나 라의 최남단에 위치하며 한국, 중국, 일본 등 극동 지역의 중앙부에 자리 잡 고 있어 지정학적으로 매우 중요하다. 제주도는 동중국해를 사이에 두고 동 쪽으로는 일본, 서쪽으로는 중국을 대하고 있으며 북쪽으로는 한반도와 마 주 보고 있다. 제주도는 사면이 바다로 둘러싸여 있고 육지와 교류하지 않으 면 살 수 없기 때문에 바다와 인연을 맺고 바다와 친숙해야 했다. 또 그 바다 를 통해 여러 가지 문물을 받아들이고 바깥세상과 만날 수 있었다. 이렇듯 제주도 주민들에게 늘 열려 있는 공간이지만 반대로 고립을 가져다주는 것 이 바다였다. 그럼에도 불구하고 제주도 바다는 파도가 사나워서 항상 위험 이 도사리고 있었다. 그런 중에도 계절풍을 다룰 줄 알았기 때문에 예전의 제주도 사람들은 끊임없이 바다를 항해하는 도전 정신을 가지고 나아가 바 다를 개척했다.

[그림 2] 빌레못 동굴

　제주항 축항공사 때에 인근의 동굴에서 발견된 중국 한대의 화폐인 오수전·화천 등의 유물은 과거 제주도가 중국과 우리나라, 일본을 연결하는 무역로상의 중간 기착지 역할을 했다는 사실을 반영하고 있다. 당시 제주도는 한반도 남쪽과 일본의 규슈 지방으로 이어지는 해상의 요충지에 위치하고 있었고 제주도의 유물·유적지 대부분이 제주 서북부 지역에 위치하고 있는 것이 이 사실을 뒷받침하고 있다. 고려시대 이전에는 제주와 반도와의 해역 항로가 국가 대 국가로서 교역의 중심을 이루었다고 할 수 있다. 고려시대 이후에 들어서는 진귀한 물품이나 지방의 토산물을 임금이나 고관에게 바치는 진상(進上), 중대한 죄인에 대한 유배, 군사 이동 등의 내용이 주를 이룬다. 구한말 시대에 이르러 국제간 항로가 일반화되기 시작했고 오늘날과 유사한 생활교통의 흐름이 중심을 이루게 되었다.

뱃길은 선박이 다니는 길이라고 볼 수 있으며 또 다른 말로는 항로라고 표현할 수 있다. 항로는 선박 등 운송 수단이 이동하는 경로나 방향을 지칭하는 말이며 바다에 있는 선박이 육상과 연결되기 위해서는 육상에 특별한 시설, 즉 선박이 이·접안할 수 있는 시설이 마련되어 있는 항구를 통해서만 연결될 수 있다. 제주도에 비행기 항로가 일반화되기 이전 제주의 교통은 육지의 항구와 제주도의 항구를 연결한 해로(海路), 제주도 내의 교통은 육로(陸路)로 구성되었다. 1890년대 증기기관 선박이 나타나기 전까지 주로 제주에서 목포와 여수 등으로 범선이 운항하였다. 목포와 여수는 제주와 육지를 잇는 주요 통로였고 제주에서 서울까지 가고자 하는 사람들은 목포와 여수에서 걸어서 가거나 말을 타고 이동하였다. 당시 제주의 항구는 주로 조천포나 산지포를 이용하였다. 1890년 이후 증기기관을 이용한 선박이 나타나기 시작하면서 항로의 변화가 나타나는데 목포와 여수뿐만 아니라 인천~제주, 제주~부산 및 원산 등 우리나라 전역을 다녔기 때문에 서울에서 목포나 여수까지 화물을 이동하거나 사람이 이동할 필요가 없게 되었다. 이러한 현상은 증기기관을 이용한 선박으로 인한 변화였다. 하지만, 육지에 철도가 생기면서 제주의 뱃길은 또다시 변화하게 된다. 철도가 육지 전역에 설치되면서 뱃길로 제주에서 인천이나 원산까지 이동하는 것보다 철도를 통해 육로로 이동하는 것이 더 경쟁력이 있었다. 따라서 일제강점기에는 제주에서 목포 등으로 이동하는 뱃길이 활성화되었고 이후 육지에서 여객이나 물자의 운송은 철도가 담당하게 되었다.

육지와 제주의 뱃길은 철도나 육상의 교통환경 변화에 따라 달라지게 되었지만 제주도 내에서의 교통환경 변화는 쉽게 변하지 않았다. 제주도 내 육상교통이 지형의 문제로 인해 쉽게 발달하지 못했기 때문이다. 목포나 부산에서 제주로 온 배는 산지항이나 서귀항에서 머물다 바로 출발하지 않고 애월항, 한림항, 모슬포항, 서귀항, 표선항, 성산항, 구좌항과 제주항을 거치고 다시 반도로 올라가는 노선을 운행했다. 이러한 제주의 육상교통 특성 때문에 오히려 제주~목포 간 왕래하는 시간보다 제주도 내의 항구를 순회하는 데 시간이 더 많이 걸리기도 했다. 이러한 특징은 제주도 내 일주도로, 중산간도로, 제주-서귀포 간 횡단 도로 등이 만들어질 때까지 계속되었고 그 이후 제주도 내 도로가 더 발달하면서 제주도 내 항구 간의 이동 필요성이 줄어들면서 제주도 내에서 여객선이 운항하던 시대가 막을 내리게 되었다.

이상에서 살펴본 바와 같이 육지의 여건, 기술의 발달, 시대적 흐름 등에 따라서 제주의 뱃길은 변화하였고 또 계속해서 변화하고 있다.

II. 삼국시대 전후, 해상 교역의 중심지 제주

1. 삼국시대 이전 제주의 교역

제주도는 고대로부터 해상교통의 요충지 역할을 해 왔다. 아주 오래전으로 거슬러 올라가서, 삼양동 유적이 형성된 시기의 한반도는 삼한시대(마한 54개국·진한 12개국·변한 12개국)에 해당하며, 이 시기의 제주도는 탐라 형성기에 약간 앞선 단계라 볼 수 있다. 이 시기의 가장 큰 특징 중 하나는 주변 지역과의 교류가 활발하게 전개되었다는 점이다. 기원전후 시기에 제주도에서는 한반도 남쪽 지역뿐만 아니라 중국과 일본 등지에서도 국제적인 문물들이 유입되었음을 알 수 있는데 이 시기에 제주가 중국과 한국 본토, 그리고 일본 지역을 연결하는 소위 동방교역로를 통한 국제무역의 한 축으로 자리 잡았음을 의미한다. 이러한 주장을 뒷받침할 수 있는 근거는 《삼국지》〈위서

〉-동이전-과《후한서》〈동이 열전〉에 나온다.

"또 마한의 서쪽 바다 가운데 큰 섬에 주호(州胡)가 있는데, 그 사람들은 다소 몸집이 작고 언어가 한(韓)과 다르다. 모두 선비족처럼 머리를 깎고 가죽옷을 입는데 소와 돼지 기르기를 좋아한다. 그 옷은 윗도리는 있으나 아랫도리가 없으니 대략 알몸과 같다. 배를 타고 왕래하며 한(韓)과 교역한다."《후한서》〈동이 열전〉中

"마한의 서쪽 바다 가운데 섬에 주호국(州胡國)이 있다. 사람들은 몸집이 작고 머리를 깎고 가죽옷을 입는데 상의만 있고 하의는 없다. 소와 돼지 기르기를 좋아한다. 배를 타고 왕래하고 한(韓)과 교역한다."《삼국지》〈위서〉-동이전- 中

출처: 제주특별자치도 - 제주 삼양동 유적.

[그림 3] 제주 삼양동 유적지

물론 이 기록은 당시 제주도 사회의 미개 상태를 다소 과장하여 서술한 것으로 해석하면 될 듯하다. 여기서 주호국(州胡國)은 후한시대와 동 시기에 제주도에 위치했던 것으로 추정되는 토착 세력을 의미하는데 이러한 가설이 사실이라면 주호국은 탐라국 이전에 제주도에 존재했던 국가 혹은 탐라국을 다른 말로 표현한 것으로 생각된다.

2. 통일신라시대, 제주의 교역

통일신라시대에 한국과 일본의 교역항로 중 제주도와 관련된 항로에 대해서 전문가들은 완도 청해진-제주도-대재부 항로를 제시하고 있다. 대재부는 7세기 후반, 일본 규슈 지방에 설치되었던 지방행정 기관의 이름이다. 대재부는 중국 대륙 및 한반도와의 교류가 활발한 지역으로 일본에서 외교, 군

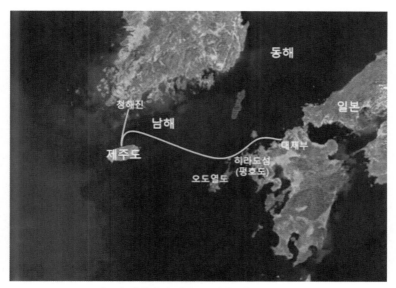

[그림 4] 청해진-제주도-대재부 항로 예상도

사 방위 등을 주된 목적으로 하면서도 중국이나 한반도에서 오는 상선들과의 무역 중심지 중 하나가 되었다. 이 항로에 대해서 구체적으로 언급하자면 완도에서 출발하여 직접 남행하여 100km 정도의 제주해협을 건너 제주도에 이르고, 제주도에서 방향을 바꾸어 동쪽으로 200여 킬로미터를 항행하여 오도열도 혹은 평호도에 이른 후에 다시 대재부까지 항행한다.

동중국해 사단(斜斷)항로는 중국 절강 지방의 중요한 항구, 예를 들어 영파(寧波, Ningbo)나 그 외항인 주산군도의 섬들을 출발하여 동중국해를 지나 동북 방향으로 비스듬하게 항해한 다음 제주도를 경유하거나 제주도에 기항해서 일본이나 한반도 각 지역으로 항해하는 항로를 말한다. 동중국해 사단항로는 항해 거리가 길고 항해하는 중간에 섬이나 육지 등의 지형지물이 없어 고난도의 천문항법을 오래 사용해야 하는 해역이다. 그러나 이러한 항해 기술적인 악조건과는 달리 해조류와 바람 등의 자연조건과 항법상으로 보아

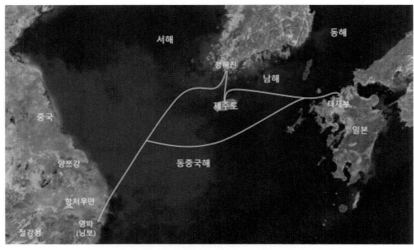

[그림 5] 장보고 선단의 해상무역로 – 동중국해 사단항로

한반도 남부로 항해하기에 좋은 조건을 갖추고 있다.

　당시에는 지금과 같은 엔진에 의한 항해가 불가능하고 오직 해류, 조류 및 바람 등의 자연조건을 이용하여야 했다. 한반도 남부 지역(제주도, 해남, 영암, 나주, 군산 등)을 출발하여 흑산도를 경유할 경우 초가을부터 초봄까지 북동풍 계열의 바람을 이용해서 양쯔강 하구나 항저우만 지역에 도착할 수 있다. 제주도 근해나 흑산도 근해에서 표류한 배들이 절강성이나 그 밑에 복건성 지역에 도착하는 것은 다 이런 이유 때문이다. 한편, 이 항로와 관련해서 중요한 것은 제주도의 존재와 제주도를 중간거점으로 했던 점이다. 제주를 거점으로 하는 항로는 출발지와 도착지를 이어주는 단순한 항로가 아니라 다양하게 활용할 수 있는 항로들의 핵심 경유항로라는 것이다. 나라와 나라가 만나는 다국 간 지중해 형태로서 모든 나라를 연결시키고 있는 동아지중해(EastAsian-mediterranean-sea)의 핵심으로서 작지만 매우 효용성 있는 해양무역의 중심 역할을 하는 것이 제주도라는 것이다. 제주도는 고대의 해양 소국가로서 충분한 크기를 이루고 있었고 해발 1,950m의 한라산은 눈으로 볼 수 있는 시인거리가 약 100마일이나 되기 때문에 당시 항해하는 선박들에겐 매우 이상적인 등대의 역할을 했다.

3. 탐라인의 교역

　앞서 살펴본 바와 같이 해상을 통한 탐라인들의 교역은 매우 이른 시기부터 시작되었다. 다양한 문헌에 의한 기록뿐만 아니라 제주 산지항과 북제주군 금성리 유적 등에서 출토된 유물들을 통해서 확인할 수 있다. 이들 유물은 육지로부터의 문화전파를 반영하고 있어 이들 유물이 제주도까지 이동되어 온 경로는 이미 기원전후의 시기에 시작된 교역로를 이용한 교역의 결과이다. 6세기 이전까지 탐라의 교류는 주로 한반도 지역을 중심으로 행하여졌는데 이는 항해술이 발달하지 못한 데서 기인한다.

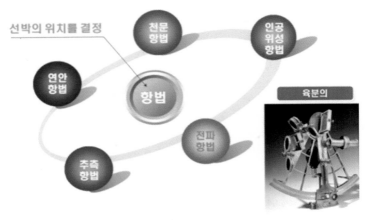

[그림 6] 항법의 종류

당시의 항해 방법은 섬과 육지 등 눈에 보이는 대상물을 표지로 하여 이동하는 이른바 지문항법이었다. 지문항법은 연안항법(실측항법)과 추측항법으로 나눠지는데 섬이나 육지 등 연안의 물표를 바탕으로 방위나 거리를 실제로 측정하여 자신의 위치를 구하는 방법이 연안항법이다. 추측항법은 원양을 항해하기 위한 항법으로 실제로 물표에 의한 실측이 불가능할 때 현재의 방향과 속력을 바탕으로 혹은 변침 이후의 방향과 속력 등을 바탕으로 현재 위치를 추측하는 항법이다. 전파항법과 인공위성항법은 각각 전파항해장비와 인공위성을 통한 위치 측정 방식으로 항해하는 항법이며 1900년대 이후에 들어서서 활발하게 사용된 항법이다. 6세기 이후부터 전파항법장치가 도입된 1900년대 사이에 선박을 통한 교역이 이루어질 수 있는 가장 커다란 역할을 했던 항법이 바로 천문항법이다.

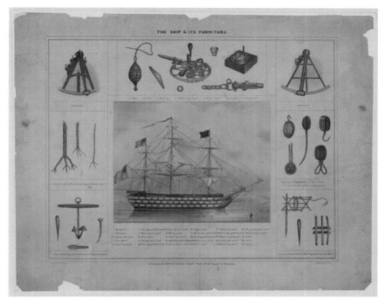

[그림 7] 천문항법 항해를 위한 도구 – Sextant

　태양과 별을 바라보는 항해사들은 바다에서 자신의 위치를 결정하기 위해 특별한 도구를 사용하기 시작했다. 선원들은 자신들에게 시간을 알려주고 아무런 연안의 물표가 없는 망망대해에서 자신의 위치를 결정하기 위해 태양과 별을 의존하기 시작했다. 자신의 위치를 찾기 위해 그들은 천체의 각도를 명확하게 측정할 수 있는 도구를 사용하게 되었는데, 이것이 바로 오늘날의 육분의(Sextant)이다. 이러한 도구는 1400년대 말에 점점 더 정확해졌고 15세기부터 본격적인 대항해시대가 열리게 되었다. 북반구의 별이 빛나는 밤에 선원은 북극성과 지평선 사이의 각도를 측정하여 상당히 쉽게 자신들의 위치를 알아낼 수 있었고 맑은 날에 태양은 가장 명확한 자선의 위치를 항해사에게 제공해 주었다. 이러한 이유로 어설프게나마 7세기 중엽 이후 천문항법 기술이 가능한 이후에 원양항해가 이루어질 수 있었고 6세기 이전까지 탐라의 교류는 주로 한반도 지역을 중심으로 행하여졌다.

3. 고려시대 이후, 제주의 뱃길

1. 시대의 흐름에 따른 제주의 뱃길

문헌기록을 통해 볼 때 탐라 대외교류의 많은 부분은 조공관계를 통해 이루어졌음을 알 수 있다. 삼국사기에 의하면 백제 476년 문주왕 2년에 탐라에서 백제에 조공을 바쳤으며, 이것은 백제 멸망 때까지 지속되었다. 이에 반해 가야와 신라 지역과의 교류는 발견되지 않고 있다. 또 백제 멸망 후 탐라는 661년부터 688년까지 일본과 교류한 기록이 남아 있다. 신라와의 관계는 역시 백제 멸망 후인 882년 문무왕 2년 2월부터 시작되었으며 8세기 이후에는 신라와 조공관계로 들어가 이를 통해 교류가 이루어졌다. 고려시대에 들어서는 개성과의 교류가 지속되었는데 고려사에 의하면 1034년 덕종 3년 11월 팔관회 때 탐라에서 토산물 진상한 기록이 있고 이후 계속하여 팔관회에 참석하여 문물을 교류한 사실을 확인할 수 있다. 조공의 주체는 국주 이외에 왕자도 참여하고 있다. 이후 고려 예종 12세기 중엽에 헌령이 파견되어 직접적인 중앙의 통치에 들어가면서 중앙정부에서 직접 공물을 수납하는 형태로 변하였다. 고려사와 고려사절요에 따르면 고려시대의 진상 내용이 언급되어 있다. 특이한 것은 1012년 현종 3년 8월에는 탐라에서 큰 배 2척을 진상한 것으로 되어 있다. 배를 지어서 진상한 내용이 처음 언급되는 것이다. 이러한 배와 나무에 관한 내용은 1058년 문종 12년 8월에 왕이 탐라와 영암에서 목재를 베어 큰 배를 만들고 송나라와 통항을 하고자 하였다는 기록이 있고 같은 달의 기록 중에는 작년 가을에 목재를 베어 바다를 건너 불사를 새로 짓게 하는 것 때문에 많은 탐라인들이 많이 지쳤다는 내용이 있다. 이처럼 제주도에는 나무가 많았고 배 건조 기술이 발달되어 있었음을 알 수 있다.

제주에서 육지로, 육지에서 제주로 이동하는 경로도 문헌에서 참고할 수 있다. 제주문화방송에서 편역하여 발간한 『속탐라록』의 고려사·고려사절요 편 끝부분에 보면 제주로 가는 경로가 있다.

"무릇 탐라로 가는 자는 나주를 출발하면 무안의 대굴포, 영암의 화무지 와도, 해남의 어란진을 지나 무릇 7주야 만에 추자도에 이른다. 해남에서 출발하면 삼촌포(해남군 화산면)와 거요량 삼내도를 지난다. 탐진을 출발하면 군영포와 고자황이·노슬도·삼내도를 지나 모두 3주야로 추자도에 이른다. 위 세곡의 배는 모두 이 섬을 경유하여, 사서도·대소화탈도를 지나 애월포나 조천포에 이른다. 대게 화탈도(관탈섬) 사이는 두 물줄기가 교류하여 파도가 흉흉하니, 모든 내 왕자가 이를 어렵게 여긴다."

1300년대는 나주를 출발할 경우 추자도까지 7일이 걸리고, 해남에서 출발하거나 탐진에서 출발하면 추자도까지 3일이 걸렸다는 것을 알 수 있다.

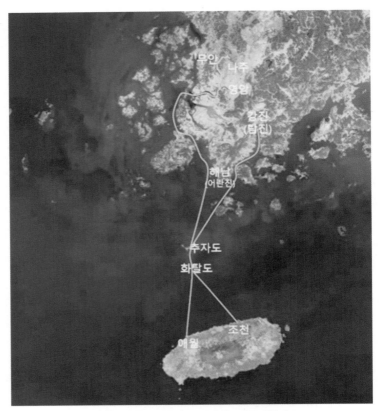

[그림 8] 고려시대 나주, 해남, 강진~제주 예상경로도

조선시대에는 고려 때의 제주~한반도 간 해로에서 영암의 이진포가 추가 되었다. 1602년 선조 34년 7월 제주어사로 파견되었던 김상헌의 남사록에 는 다음과 같이 기록되어 있다.

"강진·해남 두 현은 모두 바다에 있는데, 무릇 제주를 왕래하는 공행은 반드시 여기에 와서 배를 탄다. 해남은 관두량이고 강진은 백도도인데 영암의 이진포가 또 강진과 서로 붙어 있기 때문에 바람을 기다리는 사

람은 다 세 곳에 모이고 매년 강진 · 해남 양읍에서 도회하여 관섭 · 호
송하는 일은 윤정한다."

공행은 출장 관리의 행차를 말하며 입도 경로를 보면 해남 관두량-모로
도-진도-독거도-초도-죽도-어란-우울-웅거-마삭-장고-광아-추자-애월
로 되어 있다. 당시 제주도로 입도하기 위해 바람을 기다리며 머물던 곳으로
는 해남의 관두량포, 고어란량, 입암포, 영암의 해월루 등이 있으며 중간 기
항지로 소안도, 보길도, 추자도, 광아도 등이 이용되었다. 당시에는 바람을
이용해야 했기 때문에 바람의 강약이나 조류 등의 영향으로 부득이 중간 도
서에 머물러야 할 때 중간 기항지가 이용되었다.

제주에서 육지로 가는 경우에는 『남사록』에 다음과 같이 기록이 되어
있다.

"본도는 바로 남해 중에 있어서 왕래하는 배가 북풍을 만나면 들어오
고 동풍을 만나면 나가며, … 육지로 나가는 모든 배가 조천관과 별도포
(화북포)에서 바람을 기다린다. 혹은 말하기를 옛적에는 바람을 기다림에
일정한 곳이 없어서 동은 별도포, 어등포(행원), 조천관에서 동풍을 만나
육지로 향하여 백도(강진), 관두(해남), 진도 등지에 대며, 서는 도근천, 애
월포에서 서풍을 만나 육지로 향하여 어란포(영암), 관두, 진도, 초도 등
지에 대었다."

별도포(화북), 조천관, 어등포(행원), 도근천, 애월포 등은 모두가 고대로부
터 제주의 관문으로 이용되어 왔으며 이외에도 명월포(한림), 대포(중문), 서귀
포 등이 물자 수송로로 이용되었다.

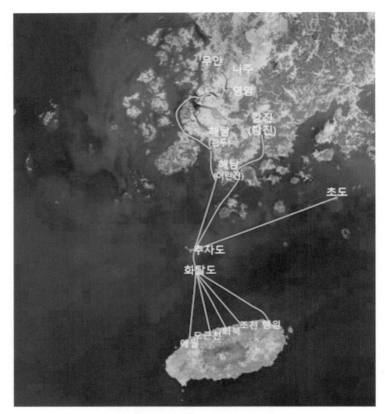

[그림 9] 조선시대 제주~육지 예상 경로도

김정호의 『대동지지』에는 제주로라고 하여 다음과 같이 기록하고 있다.

"이현진에서 출발하면 소안도까지는 1백 20리나 된다. 수로로써 도서 간을 위이하며 항해하여 가면 제주 조천관과 화북소 사이에 도착하는 데, 소안도로부터 제주와의 거리는 육로에 비하면 1백60~70리나 된다. 풍만이면 4~5시간, 풍편이면 3~4시간에 도착할 수 있다.

옛날에 제주로 들어가는 자는 출발하는 곳이 비록 다르지만, 모두 추자도에 들어가서 바람을 기다렸다가 대해를 건넜다고 하는데, 지금은 소안도에 들어가서 바람을 기다리는 것이 왕로라고 한다. 또 추자도에서는 다시 바람을 기다리기가 어렵다고도 한다. 그러나 소안도에서 제주로 향하는 해로는 아주 멀어서 중간에서 바람을 잃고 치패하기가 쉽다. 추자도는 제주와의 거리가 3백여 리에 불과하므로 추자도를 정로로 삼는 것이 마땅하다. 그러므로 「지지」나 「여사」에는 제주 해로의 중개지를 모두 추자도라고 했는데 지금 사람들은 옛사람들의 처지와는 다르다."

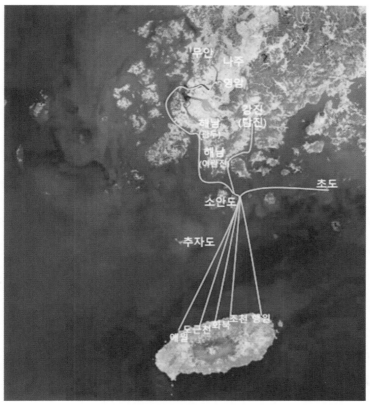

[그림 10] 조선시대 제주~육지 예상 경로도(소안도 경유)

조선 초까지만 해도 제주에서 육지로 갈 때는 중간 기항지로 추자도를 많이 이용하였으나 중기 이후부터는 소안도가 추자도보다 많이 이용된 것을 알 수 있다. 물론 시간을 절약할 수 있다는 것이 해당 해로의 장점이겠으나 순풍을 만났을 때 이야기이고 바람의 방향이 다르거나 파도가 높으면 해당 해로를 이용할 수 없었다.

2. 조선시대 유배지 제주도

제주도는 고려시대 탐라국이 고려에 편입되기 전까지는 유배와는 관련이 없었다. 삼별초의 난이 강화도와 진도를 거쳐 제주로 옮겨지자 그들을 토벌한 이후 원나라에서는 몽골인들을 보내 제주를 직할지로 삼는 이후부터 사정이 달라지기 시작한 것 같다. 그들이 제주도를 귀양지로 이용하고 반대세력들을 유배 보내기 시작한다. 원나라를 물리친 명나라도 원나라의 잔존 세력을 평정하고 명의 건국에 반대한 세력을 제주에 유배시키기에 이른다. 그러나 제주도가 유배지로 본격적으로 등장한 때는 조선시대부터였다. 조선이 정치 세력 간에 공존의 협력보다는 승자 독식화 되면서 패한 상대방의 힘을 빼기 위한 방법으로 추방 또는 격리를 선호하는 것으로 변해 가면서 귀양제도를 활발하게 이용하기에 이르렀는데 그때 본토와 격리된 제주도가 최적지로 부상한다. 조선왕조실록에 제주 유배와 관련된 기록이 80여 회가 넘고 유배인은 200여 명이 넘는다고 한다. 제주도에 유배된 사람들이 전체 유배인 700명 중 200명이라는 것은 대단한 수이다. 그중 57명은 추자로 유배된 것으로 보인다. 그러나 기록되지 아니한 것을 포함하면 더 많은 사람들이 제주로 유배되었을 것으로 추정된다. 왜 이렇게 작은 고장에 유배인들이 몰리게 되었을까.

제주도가 유배지로 각광을 받은 이유는 첫째, 한양에서 멀리 떨어져 있는 연유로 징벌적 효과가 크기 때문이다. 당시 서울에서 제주를 가는 것은 죽음을 염두에 두고 가는 길이라 여겼으니 이만한 징벌적 유배지도 찾기 힘들었을 것이다. 둘째로는 유배인들에 대한 관리와 통제가 용이했기 때문이라고 한다.

출처: 제주관광정보센터(visitjeju.net).

[그림 11] 유배인들이 제주의 관문이라 여겼던 연북정(조천읍)

당시 조그만 절해고도에 보낸 귀양자들의 경우는 육지와 가까운 섬을 골라 같은 이름을 지어 부르며 유배지라고 거주한 경우까지 있었다고 한다. 현재에 이르기까지 같은 이름으로 불리는 섬이 많은 연유도 이런 사연이 포함되어 있다고 한다. 예를 들면 육지에서 멀리 떨어진 "가"섬으로 유배를 정하여 귀양 보내면, 육지와 가까운 곳에 있는 작은 섬의 이름을 "가"섬으로 바꾸어 부르며 거주하는 경우이다. 그러나 제주는 섬이 크기에 함부로 이름을 바꾸는 등의 개별적인 융통성의 발휘가 어렵기 때문에 형벌적 효과가 달랐을 것이다.

마지막으로 다른 섬들과 비교하여 따뜻하고 거주하는 사람들이 많아 유배인을 부양하기에 개개인의 부담이 덜했다는 점이다. 소수의 사람들이 사는 곳은 귀양자로 인해 주민들에게 큰 부담이 되어 사회적인 문제로 부각되기도 했다. 물론 제주에서도 많은 유배인들의 의식주를 해결해 주기 위해 현지 주민들의 생활을 곤궁하게 만드는 원인이 되었다. 이에 주민들은 유배인들을 "육지로 배출시켜 달라"는 내용으로 상소하기를 쉬지 않았다. 거기에는 유배인들의 바람도 섞여 있었을 것이라 해도 고단한 삶 속에 새로 들어온 적지 아니한 유배객들이 주민들에게 상당한 부담이 되었을 것 같다.

반면, 추사 김정희의 제자 이한진은 추사와의 만남이 있게 해 준 것을 임금님이 내려 준 은혜로 표현하고 있다. 추사와의 만남을 쓴 이한진의 시 제추사선생수성초당(題秋史先生壽星草堂)을 보자.

천 리 밖 남쪽 물가 초가집 한 채
임금님은 노인성을 볼 수 있는 은혜를 내리셨네
밤마다 외로운 마음 향 사르고 앉아
흐느껴 울 적마다 흰 머리털 늘어

출처: 제주특별자치도 제주추사관.

[그림 12] 서귀포 추사 김정희 유배지

그렇다면 유배인들은 어떤 길을 이용하여 제주로 갔을까.

육로를 이용하여 전남의 남부 해안으로 간 이후 해남 북평면 이진진, 강진읍, 지금은 육지가 되어 버린 영암 구림마을의 상대포구를 이용해 제주로 가는 배를 탔다. 그중 해남의 이진이 가장 근거리로 많이 이용되었는데 우암 송시열, 북헌 김춘택, 면암 최익현 등이 이 길을 이용했다.

해남 이진진(梨津鎭, 지금의 해남군 북평면 이진리)을 출발하여 완도군 노화도, 보길도, 추자도를 거쳐 제주의 별도포구(현재 제주시 화북동의 부근으로 조선시대 제주에서 육지로 가는 최단거리에 위치하는 항구였다)나 조천관에 도착하는 것이 보편적인 뱃길이었다.

영암 상대포구는 주로 노환 등의 이유로 유배인이 육로를 이용하기 어려운 사람들이 뱃길을 택한 경우였다. 현재는 육지가 되어 있는 영암의 구림마을을 출발하여 지금의 목포를 지나 진도와 추자도를 거치는 항로다. 강진에서 출발할 경우 완도와 노화도 보길도를 차례로 거치는 항로를 이용했다. 제주의 별도포나 조천관은 목사가 근무하는 제주목에 가장 가까운 포구로 인수인계가 용이하기 때문이다. 그러나 바람, 물때 등 기상 여건에 따라 도착지는 일정하지 않았다.

3. 포구를 중심으로 보는 제주 뱃길

포구는 '개'·'개맛'·'개창'·'성창'·'돈지'라 일컬어지는 바다 밭으로 나가는 길목이며, 주로 해변 인접한 곳에 설치되었다. 그런데 화산도(火山島)로 이루어진 제주도의 해변은 단조롭고 암초가 많아 배를 정박할 만한 포구를 확보하기가 어려웠다. 그래서 제주도의 포구는 산발적으로 흩어져 있는데, 이는 비교적 굴곡이 발달한 대륙도나 산호도와는 대조를 이루고 있다. 역사적으로 섬은 외부와 교역 없이는 살아갈 수 없었다. 그래서 제주도의 포구는 제주도 사람들에게 절체절명의 존재나 다름없었다. 제주도는 예로부터 외부와의 교역이 활발하게 이루어져 왔다.

제주도의 포구 유형은 지형 조건으로 만입형(灣入型), 곶형(串型), 빌레형, 천변형(川邊型), 복합형, 애형(崖型)으로 나눌 수 있었다. 만입형(灣入型)과 곶형(串型)은 조수(潮水) 조건에 따라 세분하였다. 여러 유형의 포구와 김상헌의 『남사록』의 병선 가박 포구를 견주어 본 결과, 입지 조건이 절대적인 포구의 기준은 아니었다.

제주도의 연륙 포구는 원래 5개 포구이었다가 1555년(명종 10)부터 두 개의 포구로 한정되었다. 연륙 포구는 모두 제주도 북부에만 쏠려 있었다. 제주도에서 한반도를 오가는 데는 새벽에 출선하고, 초저녁에 추자도에 도착하는 것이 최상의 코스였다. 제주도 남쪽에서 배를 타고 출륙한다고 하더라도 제주도 북쪽의 어느 포구든 우선 경유할 수밖에 없었다. 이것이 연륙 포구가 제주도 북쪽에만 쏠리게 된 지리적 배경이었다. 또 부역과 공납에 시달리는 제주도 백성들은 호시탐탐 탈출을 꾀하였다. 이를 간계(奸計)로 규정한 조선 왕조는 출륙 포구를 화북포(禾北浦)와 조천포(朝天浦)로만 묶어 놓았다. 이것이 제주도 연륙 포구를 두 포구로만 묶어 놓은 정치적 배경이었다.

1) 애월포구

애월포구는 지난 1971년에 수산청 고시 제44호에 의해 1종항으로 지정됐다. 1종항으로 고시되면서 옛 포구 자리는 매립되어 애월포는 그 자취가 서서히 사라져 가고 있다. 애월은 예로부터 북쪽 바다에서 쳐들어오는 외적을 막기 위한 전략 요충지였다. "조천진과 함께 해조로 호를 삼아 방어를 했다"는 옛 기록에서 엿볼 수 있듯 애월진성은 바로 제주섬을 지키는 방어진 지이자, 해상활동의 요충지였던 것으로 알려졌다. 조선시대에 유배 온 김상헌과 헌마공신 김만일이 이 애월포구를 통해 제주로 들어왔다. 애월포가 본격적인 개발을 시작한 것은 1913년으로 당시 박형순 구장이 중심이 돼 마을 주민이 나서서 등대지경에 북방파제를 쌓아 포구로서의 틀을 갖췄다고 한다. 그때의 등대는 해안도로 한쪽에 새롭게 단장하여 세워졌다.

출처: 제주특별자치도 제주역사.

[그림 13] 애월포(涯月浦)

2) 화북포구

도내에서 처음으로 관에 의해서 축조된 화북포구는 별도포라 불리기도 했다. 한때는 제주의 관문으로 생활 물품이나 관수 물품이 드나들었는가 하면, 유배인들이 귀양살이를 위해 들어왔던 유배의 길목 포구였다. 조선 영조 11년 김정 목사는 이 포구를 축조하기 위해 관록 3백 석을 희사하여 제주목 · 정의현 · 대정현 등지의 장정들을 동원, 부역하게 했을 뿐 아니라 김정 목사가 직접 포구 공사에 참여하였다가 과로로 인해 세상을 떴다고 전해진다. 옛 화북포구는 '엉물머리'와 '금돈지'로 나눠졌었다. '튼여'를 중심으로 동쪽은 동 · 중 동네 사람들의 것이고 그 서쪽의 바다는 섯 동네 사람들의 것이다. 지금은 대부분 매립되어 옛 포구 모습을 찾아볼 수 없다. 해신사 한쪽에 김정 목사의 선정비가 글씨를 알아볼 수 없을 정도로 비바람에 깎여 묵묵히 별도포구를 지켜주고 있다.

출처: 제주관광정보센터(visitjeju.net).

[그림 14] 별도포구(화북포구)

3) 어등포(행원 포구)

'어등개'는 행원리 포구를 말한다. 행원리는 광활한 어장을 가졌는데 월정리와 한동리 사이 모든 지역이 행원리 어장이다. 그 때문에 이 지역에는 뛰어난 보자기와 잠녀들이 많았고 인근 어장에는 미역 천초 전복 소라 등의 해산물이 풍부했다. 육지부 등지서 쌀과 광목 등을 갖고 와 수산물과 바꿔 갔기 때문에 교역의 중심지가 된 적도 있다. 탐라순력도에 따르면 포구가 좋아 조선시대 숙종 28년에 수전소를 설치했고 이 일대 지면도 어등포라 표기했다고 한다.

4) 조천포구

제주섬의 첫 관포인 조천포구. 육지를 드나들 때마다 이 포구를 이용했다 하여 조천마을을 일컬어 '조천진', '조천관'이라 불렀다. 조선시대 이 포구를 드나들었던 관리들이 북쪽에 있는 임금을 그린다는 뜻에서 세운 정자인 '연북정'을 가운데로 '무근성창'과 '새성창'이 형성됐다. 조천포구에는 어느 포구보다 크고 작은 바위들이 많다. '검은여, 오저여, 새콧'을 중심으로 '새성창'이, '코쟁이머리, 작은돈지'를 이용한 '무근성창'이 조천포구의 모습이다. 포구 주변에는 '이들물, 돈물, 구시물, 빌레물' 등 용천수가 솟아나는 곳이 무려 20여 개소나 있으나 옛날처럼 이용되지는 않고 있다.

5) 함덕포구

함덕포구는 탐라국 시절 4대문과 수군들이 드나들었던 병문이 있었다고 전해지며 서쪽 소나무 동산에 관아가 있었다고 한다. 그러므로 이미 그때에 기와가 생산되었을 것으로 여겨져 평사동 와요지의 축조 시기를 조선시대가 아니라 고려시대로 추정하기도 한다. 그러나 삼별초군의 격전지였던 이곳은 당시 모든 문헌 자료들이 소실되어 알 길이 없다. 또 근대에 들어서는 함덕 3구, 즉 사동(寺洞) 남쪽에 기와 공장이 있어 서우봉에서 점토를 운반하고 흐린내의 물을 이용하여 기와가 생산되었다고 한다. 서우봉은 함덕포구를 태풍이나 찬 북서풍으로부터 막아 아늑하게 보호해 주었을 뿐 아니라 양질의 점토가 다량 매장되어 있어 기와를 생산하기에 좋은 조건을 갖추고 있었다고 본다.

출처: 제주특별자치도 제주역사.

[그림 15] 함덕포

Ⅳ. 현재의 제주 뱃길

앞서 언급한 바와 같이 뱃길은 선박이 다니는 길이며, 다른 말로 항로라고 할 수 있다. 바다에 떠다니는 선박은 항구를 통해서만 육지와 연결이 될 수 있으므로 항로는 아무렇게나 형성될 수 없고 반드시 항구를 중심으로 형성된다. 따라서, 제주의 뱃길을 이야기하기 위해서는 뱃길이 생성되는 항구와 항만을 먼저 살펴보아야 한다.

항만이라는 말보다는 항구 또는 포구 등의 표현이 더 익숙하겠지만 큰 규모의 해상교통을 지원하기 위해 설계된 항구는 항만이라는 표현이 적당하다. 우리나라 「항만법」에 따르면 항만은 '선박의 출입, 사람의 승선·하선, 화물의 하역·보관 및 처리, 해양친수활동 등을 위한 시설과 화물의 조립·가공·포장·제조 등 부가가치 창출을 위한 시설이 갖추어진 곳'으로 정의된다.

현재 제주에 형성되어 있는 뱃길은 무역항, 연안항, 어항 등 항구를 중심으로 형성되어 있는 뱃길, 여객을 수송하기 위해 구축된 여객터미널을 중심으로 형성되어 있는 뱃길, 그리고 바다를 생계의 수단으로 삼는 어민, 어촌계를 중심으로 형성된 뱃길로 나눌 수 있다.

1. 제주의 항구

현재 제주에는 제주항, 서귀포항 등 2개의 지방관리 무역항과 추자항, 화순항 등 국가관리연안항 2개, 애월항, 한림항, 성산포항 등 지방관리연안항 3개가 지정되어 있다. 무역항은 국민경제와 공공의 이해에 밀접한 관계가 있고, 주로 외항선이 입항·출항하는 항만으로, 항만의 체계적이고 효율적인 관리·운영을 위하여 수출입 화물량, 개발계획 및 지역균형발전 등을 고려해 대통령령으로 지정한다. 국내외 육상·해상운송망의 거점으로서 광역권의 배후화물을 처리하거나 주요 기간산업 지원 등으로 국가의 이해에 중대한 관계를 가지는 항만은 국가관리무역항으로, 지역별 육상·해상운송망의 거점으로서 지역산업에 필요한 화물처리를 주목적으로 하는 항만은 지방관리무역항으로 지정한다. 연안항은 주로 국내항 간을 운항하는 선박이 입항·출항하는 항만으로서 마찬가지로 대통령령으로 지정하는데 국가안보 또는 영해관리에 중요하거나 기상악화 등 유사시 선박의 대피를 주목적으로 하는 항만은 국가관리연안항으로, 지역산업에 필요한 화물의 처리, 여객의 수송 등 편익 도모, 관광 활성화 지원을 주목적으로 하는 항만은 지방관리연안항으로 지정한다. 제주에는 추자항과 화순항을 제외한 5개의 대형 항만이 모두 지역산업에 필요한 화물의 처리, 여객의 수송 등에 사용되는 지방관리

항만으로 지정된 셈이다.

출처: 제4차('21~'30) 전국 항만기본계획.
[그림 16] 제주 지역 무역항 · 연안항 위치

　항만이 대부분의 화물과 여객 수송을 담당하고 있지만 어항을 통한 뱃길을 빼놓을 순 없다. 우리나라 「어촌 · 어항법」에 정의된 어항이란 천연 또는 인공의 어항시설을 갖춘 수산업 근거지로서 지정 · 고시된 것을 말하며 용도에 따라 국가어항, 지방어항, 어촌정주어항, 마을공동어항 등으로 분류할 수 있다. 국가어항은 이용범위가 전국적인 어항 또는 도서 · 벽지에 소재하여 어장의 개발 및 어선의 대피에 필요한 어항으로 제주에는 신양항, 도두항, 김녕항, 위미항, 모슬포항 등 5개가 국가어항으로 지정되어 있다. 지방어항은 이용범위가 지역적이고 연안어업에 대한 지원의 근거지가 되는 어항으로서 제주에는 귀덕1리항, 신창항, 고산항 등 19개가 지방어항으로 지정되어 있다. 어촌정주어항은 어촌의 생활근거지가 되는 소규모 어항으로 제주에는 귀덕2항, 용운동항, 옹포항 등 46개가 있다. 마을공동어항은 어촌정주어항에 속하지 아니한 소규모 어항으로 어민들이 공동 이용하는 항·포구이며, 어촌정주어항과 마을공동어항은 시장, 군수 또는 구청장에 의해서도 지정이 될 수 있는 소규모 어항이다.

2. 제주항

현재 제주에서 가장 큰 항구는 제주항과 서귀포항이다. 제주항은 제주 지역의 물류중심지이자 제주도의 관문 항구로서 제주 북부 중앙에 위치하고 있으며 1927년에 개항하였다. 1968년에 무역항으로 지정되었으며, 1973년 2월 〈제주도 관광종합개발계획〉에 의하여 국제 관광항으로 개발되었다.

[그림 17] 제주항

제주항이 개발되기 전에 이 일대는 건입포(산지항)라고 불리었는데 육지에서 시작되는 산지천이 바다로 들어가는 하류 일대를 일컫는다. 건입포는 기원전 약 100년~기원후 약 500년경부터 제주 사람들에게 이용된 포구이며 외부와의 교역에 있어 대표적인 포구로 자리 잡게 되었다.

출처: 제주특별자치도 - 제주역사 - 제주 100년 사진.

[그림 18] 제주항 건설 이전의 산지포 주변

이후 이 일대에 마을이 형성되면서 본격적인 항구로서 이용되기 시작하였다. 기록에 따르면 17세기 중반에 김정 제주 목사에 의해 산지항에 대한 항만건설이 시작되었다. 당시 김정 제주 목사는 전 도민을 동원해서 방파제를 조성하고 제방을 쌓았다. 본래 산지항은 협소하고 비교적 수심이 얕아 항구로서 여건이 적합하다고 볼 순 없었다. 당시 조선시대 제주도 2대 포구는 화북포와 조천포이었으나 이러한 노력으로 제주도 내에서 가장 규모가 크고 번성한 포구로 발전하는 기반을 닦았다. 일제강점기에 들어서도 대대적인 항만 개발이 이루어졌는데 이는 항구로서 여건이 적합해서가 아니라 도청

소재지라는 상징성과 배후 시가지를 고려한 결정이었다. 일제는 국비 15만 원, 지방비 6만 원, 민간자본 9만 원 등 총 30만 원(현재 화폐가치 약 150억 원)을 들여 항만공사에 돌입했다. 공사는 3단계에 걸쳐 진행됐고 서방파제 580m, 부두 야적장 361m, 접안시설 100m가 축조됐다. 이때 완공된 지역은 현재 관공선 및 어선 전용부두로 사용되고 있는 제주항 서부두의 기초가 되었다.

출처: 제주일보. 2016.11.28. "(16) 제주성과 맞바꾼 개항장 … 최대 항구되다."

[그림 19] 1948년 미군이 상공에서 촬영한 산지항 전경

　현재 제주항은 여객 및 유류부두를 포함하여 20개 선석으로 구성되어 있으며 연간 약 266만 톤을 처리할 수 있는 하역능력을 갖추고 있다. 2022년 한 해 동안 제주항에 입출항한 선박은 총 11,757척이며 우리나라 전체 31개 무역항에 입출항한 선박 362,732척의 약 3.2% 정도이다. 우리나라 31개 무역항 전체 입출항 선박에 대한 평균이 약 11,700척이라고 한다면 제주항에 입출항한 선박이 정확하게 평균에 이른다고 볼 수 있다.

다음 [그림 20]와 [그림 21]은 제주도 인근을 통항하는 선박의 항적을 선으로 연결한 것과 제주항을 중심으로 선박의 항적을 선으로 연결한 그림이다. 노란색으로 나타난 선박의 항적은 위험화물을 제외한 일반 화물을 운송하는 화물선, 빨간색으로 나타난 선박의 항적은 위험화물 등을 운송하는 탱커선, 분홍색으로 나타난 선박의 항적은 여객선, 파란색으로 나타난 선박의 항적은 Barge 등 부선을 끌면서 화물이나 크레인 등을 운송하는 예부선, 녹색은 어선, 검은색으로 나타난 선박의 항적은 기타 선박을 나타낸다. [그림 20]의 제주도 인근 전체 해역을 보면 제주도 해안에서 약간 떨어진 곳으로 화물선, 탱커선 등 항적이 보이는 것을 알 수 있고 제주도 가까운 해안은 거의 대부분 검은색과 녹색으로 채워져 있음을 알 수 있다. [그림 21]의 선박 항적을 보면 제주항에서 이어지는 흐름만 화물선, 탱커선, 여객선, 예부선 등의 흐름이 섞여 있고 나머지 육지에서 나오는 선박의 항적은 모두 기타 선박임을 알 수 있다. 그리고 선박의 항적이 모여 형성하는 해상교통의 흐름이 항구를 중심으로는 육지와 연결되는 남북 방향의 흐름, 바다를 중심으로는 동서 방향의 흐름으로 형성되어 있는 것을 알 수 있다.

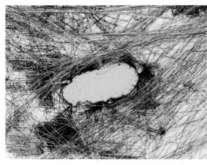 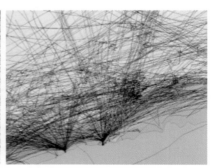

[그림 20] 제주도 인근 수역 통항 현황(72시간)　　　[그림 21] 제주항 인근 통항 현황(72시간)

[그림 22] 제4차 항만기본계획에 따른 제주항 계획평면도

한국해양수산개발원(KMI)의 2020년 품목별 항만물동량 예측보고서에 따르면 물동량 측면에서 2030년과 2040년까지 큰 변화는 없을 것으로 예측이 되나 항만육성 기본방향을 크루즈·해양관광 중심항만, 고품격, 친환경 크루즈 모항 육성 등을 목표로 하고 있기 때문에 여객부두를 중심으로 하는 제주신항에 대한 개발계획을 수립하고 있다. 제주내항의 여객부두를 제주신항으로 이전하여 여객에 대한 기능을 일원화하고 제주 내·외항에 있는 여객·크루즈 기능을 단계적으로 제주신항으로 이전할 예정이다. 전 세계 크루즈 관광 수요 증대 및 크루즈 선박 대형화에 대응하기 위해 제주신항을 중심으로 국내 제1의 크루즈 허브항만을 실현하고자 한다. [그림 22]는 제4차 전국항만기본계획에 따른 제주항 계획평면도이다. 현재의 내항 왼쪽 구역으로 제주신항이 구축될 예정이며 제주신항은 국내 여객부두와 크루즈 부두

전용 항만으로 구축되어 향후 제주신항으로부터 여객선 및 크루즈선의 뱃길
이 형성될 예정이다.

3. 서귀포항

　서귀포항은 제주항과 마찬가지로 지방관리 무역항이며 제주도 남부 지역
의 화물수송 거점항이다. 국토 최남단에 위치하는 서귀포항은 본래에는 어
항으로서의 기능을 많이 하고 외래객을 받아들이는 관광항으로서의 기능도
크다고 할 수 있다. 서귀포항에 있는 새섬 오른쪽으로 부두가 쭉 형성되어
있고 아래쪽에는 문섬이 있어서 새섬과 문섬이 서귀포항의 천연 방파제 역
할을 하고 있다. 현재 서귀포항은 유류부두, 여객부두(최대 5천 GT급), 잡화부

출처: 제4차('21~'30) 전국 항만기본계획.

[그림 23] 제4차 항만기본계획에 따른 제주항 계획평면도

두, 관리부두 및 모래부두 등 12개 선석으로 구성되어 있다. 최대 통항선박은 5천 톤급이며 강정지구에 15만 GT급 크루즈선 입출항이 가능한 부두가 형성되어 있다. 2022년 한 해 동안 서귀포항에 입출항한 선박은 총 4,321척이며 우리나라 전체 31개 무역항에 입출항한 선박 362,732척의 약 1.2% 정도로 무역항 중에는 통항량이 적은 편이다. 다만 서귀포항은 관광잠수정 등의 해양 관광지로 각광을 받고 있으며 현재는 잠수함과 유람선, 제트보트 등 청명한 바다를 즐길 수 있는 레저시설이 있다.

현재에도 그렇게 큰 규모의 무역항은 아니지만 항만개발 이전인 1920년 초만 하여도 단순한 어항이었다. 1925년 새섬과 육지를 연결하는 방파제 (216m)를 축조한 것이 최초의 외곽 방파제 시설이었고 1962~1966년 사이에 항내를 준설하고 1967~1976년 사이에 소형선박을 위한 물양장과 방파제 공사를 실시하여 현재까지 이르고 있다. 많이 잊히긴 했지만 서귀포항은 가슴 아픈 과거가 서려 있는 곳이기도 하다. 1970년 12월, 제주~부산을 잇는 정기 페리인 남영호가 당시 300명이 넘는 승객을 태운 뒤 서귀포항을 떠나 부산으로 가던 중 여수 인근 해역에서 침몰하였다. 선박에 승객과 화물을 초과 선적하는 과다 적재와 승무원의 경험 미숙으로 사고가 발생하였다고 알려져 있다. 이 사고로 인해 326명의 승객이 사망하였고 세월호 이전 최대 해난사고 중 하나이자 삼풍백화점 붕괴사고와 창경호 침몰 사고에 이어 세 번째로 많은 사망자를 낸 참사로 알려져 있다. 서귀포항은 남영호 사고 이후에 한동안 여객선 항로가 연결되어 있었으나 2000년 이후에 들어서는 여객선 운항이 중단된 채 터미널 건물만 남아 있는 상태이다.

다음 [그림 24]은 서귀포항을 중심으로 선박의 항적을 선으로 연결한 그림이다. 위와 마찬가지로 노란색은 위험화물을 제외한 일반 화물을 운송하는 화물선, 빨간색은 위험화물 등을 운송하는 탱커선, 파란색은 Barge 등 부선을 끌면서 화물이나 크레인 등을 운송하는 예부선, 형광색은 관공선, 검은색으로 나타난 선박의 항적은 기타 선박(어선 포함)을 나타낸다. [그림 24]의 선박 항적을 보면 서귀포항에서 이어지는 흐름이 일부 화물선과 관공선 등이 있지만 대부분 기타 선박임을 알 수 있다. 그리고 마찬가지로 선박의 항적이 모여 형성하는 해상교통의 흐름이 항구를 중심으로 남북 방향, 동서 방향의 흐름으로 형성되어 있는 것을 알 수 있다.

[그림 24] 서귀포항 인근 통항 현황(72시간)

제4차 전국항만기본계획에 따르면 서귀포항의 장래 물동량은 현재와 큰 차이가 없을 것으로 분석되어 선박 대형화에 따른 접안시설 및 선회장 확보를 위해 접안능력 개선과 외곽시설 이동 등 항만의 재정비가 이루어질 예정일 뿐, 큰 틀에서 변화는 없을 것으로 보인다.

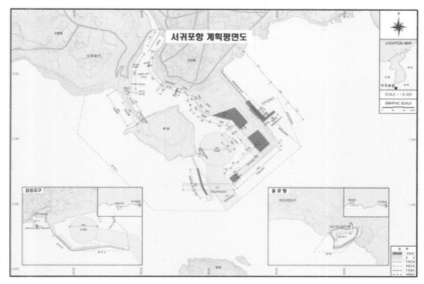

출처: 제4차('21~'30) 전국 항만기본계획.

[그림 25] 제4차 항만기본계획에 따른 서귀포항 계획평면도

4. 여객을 중심으로 보는 뱃길

뱃길의 가장 우선적인 목적은 여객의 수송이다. 그중에서 제주항은 목포항을 제외하고 전국에서 가장 많은 연안 여객 실적을 가지고 있는 항구이다. 국내 연안 여객선 여객수송실적은 2015년까지 증가하였으나 2019년부터 국내 여건 변화 등으로 소폭 감소하였으며 2020년 COVID-19의 영향으로 실적이 매우 저조하였다. 최근 다시 오름세로 여객이 증가하는 듯하나 향후에도 이와 비슷한 수준을 유지하여 2030년에도 약 15,690,000명 정도 될 것으로 전망하고 있다.

구분	2017년	2018년	2019년	2020년	2021년	2022년
수송실적(명)	16,909,861	14,625,484	14,585,137	10,602,840	11,464,345	13,991,454

[그림 26] 연안여객선 여객수송실적(2017~2022)

　　우리나라 연안여객선 항로는 현재 101개가 있고 일반항로 74개와 보조항로 27개로 구분된다. 해당 항로에 종사하는 여객선은 총 156척으로 일반항로 129척, 보조항로 27척이다. 해상여객운송사업에 종사하기 위해서는 해운법에 따라 사업계획서에 의한 해양수산부 장관의 면허를 받아야 하고 여객에 대한 안전 및 편의시설 등을 충분히 갖추어야 한다. 사업계획서에는 여객선의 기항지, 선박 운항횟수 및 운항시각, 휴항 등이 포함되고 이를 변경하기 위해서는 해양수산부 장관에게 승인을 받아야 한다. 또한 여객선의 안전을 확보하기 위해 운항항로를 포함하여 여객선 운항관리규정을 작성하여 해양수산부 장관에게 제출하여야 하며 이를 변경하고자 하는 경우에도 마찬가지로 승인을 받아야 한다. 따라서 여객선의 항로를 임의로 수정하거나 변경할 수 없고 주기적으로 항로의 안전성을 검토하기 때문에 여객선의 뱃길은 고정되었다고 볼 수 있다. 화물선 등 타 선박의 경우에는 화물의 종류, 목적지, 해상상태, 운항자의 경험 등에 의해 항로의 수정이 비교적 자유롭지만 여객선의 항로는 해양수산부 장관으로부터 승인된 항로이므로 일종의 도로처럼 고정되어 있다고 볼 수 있다.

[그림 27] 전국 연안여객선 항로도   [그림 28] 제주 지역 연안여객선 항로도

제주를 목적항으로 하는 항로를 포함해서 제주와 연결되어 있는 항로는 총 11개이다. 그중 제주를 기항지로 하는 항로는 제주~완도, 제주~해남 우수영, 모슬포~마라도, 산이수동~마라도 등 4개이며 종사하는 여객선은 총 9척이다. 100~500톤 6척, 1,000~5,000톤 1척, 5,000톤 이상 선박 2척 등이다. 그 외 부산~제주 항로(현재 취항하는 여객선은 없다), 인천~제주 항로(1척, 비욘드트러스트), 여수~제주 항로(1척, 한일골드스텔라), 녹동~제주(1척, 아리온제주), 삼천포~제주 항로(1척, 오션비스타제주), 목포~제주 항로(2척, 퀸메리2, 퀸제누비아), 진도~제주 항로(1척, 산타모니카) 등이 있다.

출처: 한국해운조합 2023년도 연안여객선 업체 현황.

[그림 29] 제주에 취항 중인 여객선 현황

5. 어촌계를 중심으로 하는 뱃길

제주항과 서귀포항 등 무역항과 애월항 및 한림항 등 연안항을 제외하고 국가어항, 지방어항, 정주어항 및 마을어항 등은 제주도 인근에서 조업에 종사하는 선박이 입출항하는 항구이므로 대부분 제주도 인근 해역에 머무는 것을 볼 수 있다. [그림 30]는 제주도에 속해 있는 항구에서 입출항하는 선박의 항적만 추출한 그림이다. 노란색의 항적은 화물선, 빨간색은 위험화물 운반선, 분홍색은 여객선, 파란색은 예부선이며, 검은색의 항적은 어선 등(화물선이나 예부선 중에서도 작은 규모 선박의 경우 정보가 부정확하여 기타 선박으로 분류될 수 있음)의 항적으로 제주 인근 해역에서 조업하는 선박을 나타낸다. 다양한 색상의 항적은 무역항과 연안항에서만 나타나고 나머지 어항에서는 검은색의 기타 선박의 흐름만 나타난다. 이 흐름은 특정한 목적지를 가지고 직선으로 뻗어 나가는 항적이 아니라 목적지가 뚜렷하지 않은 지그재그 형태의 항적을 그린다는 특징이 있다.

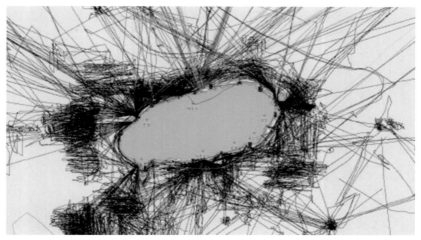

[그림 30] 제주도 항구 입출항 선박 항적

V. 세월호 참사로 끊긴 인천~제주 뱃길의 재개

2014년 전 국민을 충격에 빠뜨린 세월호 참사가 발생했다. 당시 세월호는 인천항 연안여객부두를 출항하여 제주항으로 항해하고 있었다. 인천~제주 여객선 항로 구역 중 하나인 맹골수도를 통과한 후에 변침하는 과정에서 조타를 하다가 과도한 외방경사가 발생하였고 고박상태가 불량한 화물 등이 쏠리게 되면서 경사의 정도가 커지고 선내로 바닷물이 유입되어 진도군 병풍도 인근에서 전복 및 침몰되었다. 전남 진도군 조도면에 있는 맹골도와 거차도 사이의 좁은 해역인 맹골수도는 대형선박이 통과하는 우리나라의 주요 수도 중에서 울돌목과 장죽수도 등 다음으로 유속이 빠른 곳으로 알려져 있다. 유속은 빠르지만 수심이 30미터 이상으로 깊고 사이 해역에 암초가 없어서 매일 수십~수백 척의 선박이 다닐 정도로 뱃길 자체에 문제가 있다고 볼 순 없다. 다만, 세월호 참사 이후에 여객선은 가능한 다른 루트로 항해를 하고 있다.

그렇게 제주의 주요 뱃길 중 하나였던 인천~제주 간 항로는 중단되었고 정치, 경제, 사회, 문화 모든 측면에서 영향을 받았다. 특히, 전 국민이 직간접적인 심리적 영향을 받으면서 나라 전체가 우울증에 빠질 정도였다. 이와 같은 참사가 되풀이되지 않도록 사회 전반적인 분야에서 재발방지 대책이 쏟

출처: 중앙해양안전심판원, 여객선 세월호 전복사고 특별조사 보고서.
[그림 31] 세월호가 인천항에 접안하고 있는 모습(2014)

아져 나왔다. 그렇게 수도권과 제주를 잇는 유일한 뱃길은 당연하듯 문을 닫았다.

그리고 2021년 12월, 인천~제주의 뱃길이 다시 열렸음을 알리는 신문 기사들이 조심스럽게 올라왔다. 2014년 5월까지 세월호(6,825톤)와 오하마나호(6,322톤)를 운항하던 청해진 해운이 면허취소를 당한 지 7년 8개월 만이었다. 해당 뱃길에 취항한 Beyond Trust호는 총톤수 26,546톤, 여객정원 854명, 차량선적 가능대수 487대인 길이 169.9m의 2021년 건조된 선박으로 길이 145.6m, 총톤수 6,825톤인 세월호보다 규모가 훨씬 큰 선박이다. 기존에 인천~제주 뱃길과 유사한 항해 구역을 가지지만 맹골수도는 우회하여 먼바다로 운행하고 있다.

여객선으로 인한 대형사고는 사실 시간이 오래 흘러 기억 속에 사라진 것이지 드물게 일어난 것이 아니다. 특히 제주 뱃길에 취항한 여객선의 대형사고는 세월호가 처음이 아니다. 1953년 1월 9일 여수항에서 출발해 부산항으로 향하던 길이 33.6미터 여객선 '창경호'는 밤 10시경 부산 다대포항 인근 해상에서 갑자기 왼쪽으로 급격하게 선체가 기울어지면서 침몰하였다. 강한 외력 또는 과적 등이 원인이 된 것으로 알려져 있는데 이 사고로 인해 330명이 사망하였다. 10년 뒤인 1963년 1월 18일 전남 영암군 인근 해상에서 여객선 '연호'가 침몰하였는데 이 사고로 인해 선원 및 승객을 포함하여 140명이 사망하였다. 7년 뒤 1970년 12월에는 부산~제주를 잇는 정기 페리인 '남영호'가 침몰하였는데 이 사고로 인해 선원과 승객을 포함하여 326명이 목숨을 잃었다. 성수기 감귤 상자를 포함하여 적재허용량을 4배 이상 초과하는 등 과적이 주요 원인으로 알려져 있다. 그리고 약 20여 년 뒤 전라북도 부안군 위도 인근 해상에서 연안여객선 '서해페리호'가 과적 및 무리한 운항 등의 원인으로 침몰하였고 이 사고로 292명의 사망자가 발생했다.

이후에 여객선 사고는 아니지만 1995년 씨프린스호 원유 유출사고, 2007년 허베이 스피리트호 원유 유출사고, 그리고 2014년 세월호 사고까지 대형 해양사고가 끊임없이 발생하고 있다. 이러한 대형 해양사고의 주기를 보면 남영호와 서해페리호 사이에 기간의 차이는 좀 있지만 대략 10년의 주기로 대형 해양사고가 발생하고 있음을 알 수 있다.

[그림 32] 우리나라 주요 해양사고

2024년은 세월호 참사가 발생한 지 10주기가 되는 해이다. 수도권과 제주를 잇는 뱃길인 인천~제주 항로에 새로운 선박인 비욘드 트러스트호가 취항을 하고 뱃길이 재개된 상황에서 사회적인 트라우마로 남은 세월호 참사가 되풀이되지 않으려면 안전하고 깨끗한 바다, 편안한 뱃길이 유지되도록 정책적인 관리가 필요할 것이다.

VI. 제주 지역 해양공간관리계획에 따른 뱃길

해양 이용과 해양 개발이 다양화되면서 각 부처별 해양공간을 선점하는 선점 경쟁이 가속화되고 해양생태계의 가치가 저하된다든지 해양을 이용하고자 하는 필요와 해양생태계를 보전하고자 하는 가치가 상충되면서 갈등이 심화되고 있다. 또한 바다골재 채취 사업자, 어민, 양식장, 선박통항 운항자 등이 서로 갈등하면서 해양공간 이용의 갈등이 광범위하게 퍼져 갔다. 이에 따라 정부는 해양생태계의 가치, 개발 잠재력 등을 고려하여 해양공간의 핵심용도와 관리방향을 사전에 설정하는 실효적 계획체제를 도입하는데 이것이 해양공간관리계획이다. 우리나라뿐만 아니고 세계 각국에서 이러한 형태의 갈등이 빚어지자 해양공간계획을 수립하고 추진하게 되는데 2019년 기준으로 해양공간계획을 도입하고 추진 중인 국가는 70개국으로 해양인접국의 약 47%가 이에 해당한다. 「해양공간계획법」 제7조(해양공간관리계획의 수립 등)에 따라 해양수산부 장관 및 시·도지사는 관할 해역의 해양공간 특성 및 현황, 보전 및 이용·개발 수요 등을 종합적으로 고려하여 각 용도구역을 지정·관리하도록 하고 있다. 해양수산부 장관 및 시·도지사는 과학적인 자료에 기반을 둔 용도지정을 위해 자연 및 지리적 특성, 이용개발 현황, 입지 및 활용 가능성 등에 대해 해양공간특성평가를 실시하고 법·제도 및 행정적 요인 등과 해당 지역 의견 등을 종합적으로 고려하여 해양 용도구역 등을 지정한다.

제주의 경우 ① 자연경관 및 해양생태계 보전과 해양 이용 행위자 간 갈등을 조정할 필요가 있고, ② 정부 정책에 따른 해상풍력발전단지 사업자, 어민 및 환경·생태계 보전 수요의 갈등, ③ 해양관광·레저와 보전·이용활동 간 상충 등의 지역 현안을 바탕으로 주민 대상 설문조사 등을 통해 해양공간에 대한 활용 인식 조사를 실시하였다. 이에 따른 결과를 종합하여 제주 해양공간관리 정책 방향을 도출하였는데, 도출된 해양용도구역은 아래 [그림 33]와 같다.

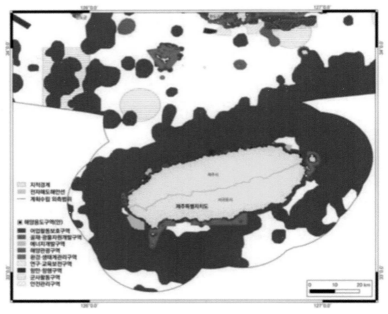

출처: 제주특별자치도 해양공간관리계획.

[그림 33] 제주 해양용도구역

제주 해양용도구역은 어업활동보호구역이 전체의 62.58%로 가장 많고 계획이 정해지지 않은 유보구역이 31.47%, 환경·생태계관리구역이 2.56% 등으로 나타난다. 제주의 뱃길과 관련이 있는 항만·항행구역은 제주항, 서귀포항, 한림항, 애월항, 추자항 등 항만 인근에 배치되어 전체의 약 0.15%에 해당한다. 항만·항행구역 용도의 정의는 항만 기능의 유지와 선박의 안전운항 등을 위하여 필요한 구역인데 문제는 항만 인근에만 지정이 되어 있고 그 외 구역은 지정이 되어 있지 않는다는 것이다. 해양공간관리계획은 물론 계획일 뿐이고 후에 해당 용도로 사용하지 않을 때에는 양립을 허용하기 때문에 선박의 항행에 영향을 받지 않을 수 있지만 용도 자체로 지정이 되지 않는다는 것은 선박의 항행 안전이 우선순위에서 밀려날 수도 있다는 것을 의미한다. 이와 같이 현재까지 해양공간관리계획상에 제주와 육지가 통하는 뱃길은 명확하지 않아 보인다. 왜 이러한 정책이 발표되었을까?

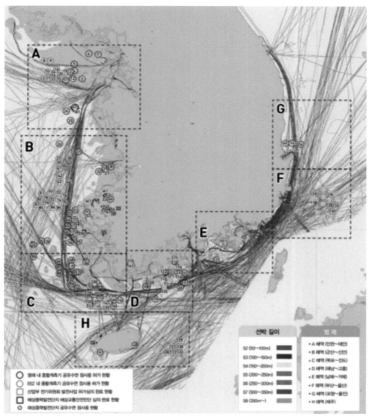

[그림 34] 전국 연안 해상교통흐름 및 해상풍력사업 현황

우리나라 연안에는 오랜 시간 국내외 화물운송 및 어업활동 등 선종별로 선박 운항에 최적화된 관습적 통항로를 형성하고 있다. 화물선 및 위험물 운반선의 경우 주요 무역항을 거점으로 항만 간 관습적인 통항로가 형성되어 있으며 어선 등 소형선박은 어장 등 항행 목적지에 따라 지역별 주요 운항항로가 형성되어 있다. [그림 34]은 전국 연안에 통항하고 있는 길이 50m 이상 선박의 72시간 해상교통흐름을 나타낸 것이다. 항만구역을 벗어나서도 거의 대부분 해역에서 선박이 통항하고 있는 것을 알 수 있으며 해사안전법, 지방해양수산청 고시 등에서 일부 항로를 지정하고 있지만 대부분 통항 해역은 항로로 지정하지 않고 선박이 관습적으로 통항하고 있는 해역 정도로 인지하고 있다. 관습적 통항로는 길이나 폭, 통항빈도 등이 공식적으로 정리 및 관리되지 않고 있기 때문에 관습적 통항로의 위치가 정확히 어디인지 구분해 낼 수 없다. 이러한 상황에 따라 해양용도구역 등을 지정할 때에도 법이나 고시 등에 따라 지정되어 있는 항만구역이나 항로는 항행구역으로 지정할 수 있지만 관습적 통항로는 지정을 하고 싶어도 할 수 있는 방법이 없는 것이 현실이다.

Ⅶ. 해사안전정책과 제주 뱃길

　정부는 해양안전확보, 해양안전문화 증진, 미래 해양기술에 따른 대응 정책 마련, 안전한 해상교통환경 조성을 위한 안전관리 체계 선진화 등을 위해 국가해사안전기본계획과 해사안전시행계획을 수립한다. 해사안전기본계획·시행계획에서는 차세대 안전관리체계 도입, 해양안전문화 확산 정책 수립, 사고취약선박 관리, 해사안전 분야 국제협력 등과 관련된 정책을 종합하여 수록하고 있다. 한마디로 해사안전정책과 관련된 마스터플랜이라고 볼 수 있다. 국가해사안전기본계획에서는 2026년까지 해양사고 30% 저감을 목표로 하고 있으며 이를 위한 매우 많은 정책 방향을 제시하고 있다. 그중 해상교통과 관련된 몇 가지 정책을 살펴보고자 한다.

정부의 해사안전정책에서 중요하게 다루고 있는 사항 중 하나는 해양안전과 관련된 교육 및 문화의 정착이다. 이를 위해 정부는 해양안전 캠페인 활동, 해양안전 체험관 건립, 안전의식 고착을 위한 교육 등을 시행하고 있다. 해양안전체험관은 전북 부안, 경기 안산, 전남 진도, 전남 여수, 충북 청주, 경북 울진 등에 건립이 되거나 건립 예정이며 제주에는 현재까지 건립계획이 없는 것으로 파악된다. 한편, 해사안전 분야에서 선박 종사자에 대한 전문성을 강화하고 안전의식을 고취시키는 정책 중 하나로 해사안전 우수사업자 지원제도를 시행하고 있는데 자발적인 안전관리 문화 확산을 위해 2015년부터 시행하고 있는 정책이다. 2022년에는 제주 운진항과 가파도·마라도를 연결하는 여객선사인 ㈜아름다운 섬나라가 2022년 해사안전 우수사업자로 선정되어 우수사업자 지정표지와 함께 1천만 원의 상금을 받게 되었다.

해상교통환경 변화에 대응한 공간중심 안전관리체계 구축의 일환으로 정부는 「국가해상교통망법」 제정을 추진하고 있다. 앞서 언급한 바와 같이 우리나라 연안해역에서 선박의 통항은 해사안전법 등에 따라 지정된 통항분리방식 항로 등을 중심으로 지정항로는 아니지만, 자연적으로 형성된 관습적인 선박 통항 흐름 및 통항로가 형성됨으로써 선박 통항 안전이 어느 정도 확보되는 상황이었다. 하지만 최근 어업과의 간섭, 해상환경의 변화, 해상풍력발전 등과 같은 각종 해양개발 사업의 증가와 선박 통항 항로의 축소 문제 등으로 인해 선박의 안전운항 및 정시운항 등에 위협을 받고 있다. [그림 35]

[그림 35] 해상풍력발전단지 추진 현황

에 보면 해상풍력발전사업을 위한 풍황계측기 설치 및 전기사업 허가 지역 등이 나타나 있다. 선으로 표기된 것은 길이 50미터 이상 선박의 해상교통흐름이고 상당히 많은 부분에서 풍황계측기 사이트와 중첩되는 것을 알 수 있다. 관습적 해상교통로는 선박 운항자와 담당 행정기관 등에서만 인식하고 있었고 일반 사업자는 해당 해역에 관습적 교통로가 형성되어 있는 사실을 알지 못하여 해당 구간을 해상풍력발전 사업대상지로 선정하여 추진하고 있었다는 것이다. 본격적인 사업의 추진을 위해 공유수면 점사용 등 해역 이용과 관련된 허가를 진행하는 과정에서 해당 구간은 관습적으로 통항하는 선박의 흐름과 상당히 중첩되어 있어서 허가가 취소되거나 이미 진행되었던 사업계획이 변경되는 사례가 종종 있었다.

이에 정부는 선박통항안전의 확보, 해양개발사업의 원활한 진행, 해역 이용의 효율성 확보 등을 위해 기존 선박 통항의 관습적 항로를 포함하여 육상의 도로 교통망과 같은 개념으로 항로를 지정·관리하여 선박의 안전성 및 물류비용 등 경제성, 안전성, 효과성을 제고하고자 한다.

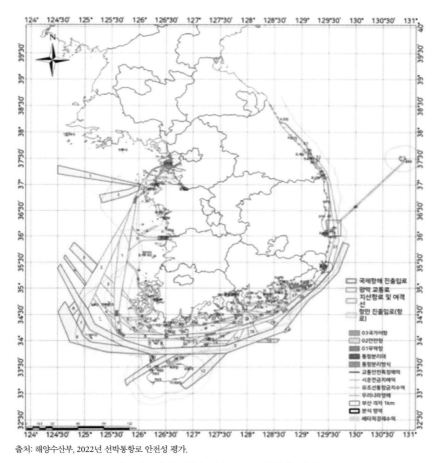

출처: 해양수산부, 2022년 선박통항로 안전성 평가.

[그림 36] 우리나라 해상교통로 지정(안) 예시

정부의 이러한 해상교통망 구축 움직임에 해상풍력발전사업자들을 비롯하여 해양개발사업을 진행하려던 사업자들은 상당한 혼란을 느끼고 있는 것으로 판단된다. 해상교통망의 구축은 분명히 선박의 안전운항, 경제적 효과 증대를 위해 필요한 정책이지만 지정되는 구간에 따라서 사업자의 사업계획이 변경되거나 취소될 수 있기 때문이다. 이러한 우려가 있기 때문에 해상교통망 구축은 이해당사자(어촌계, 어업인, 수협, 해운기업 등) 및 유관기관(해경, 해군 등) 의견수렴을 충분히 거치고 관습항로 등 통항환경을 장기간 조사하여 지정할 것이다. 향후 추진되는 상황을 봐야겠지만 현재까지 해상교통망 내에서 특별한 제한 사항은 없을 것으로 생각된다. 정부는 해상교통망의 수용성이 문제가 될 수 있기 때문에 해상교통망 내에서는 어업 등 행위를 제한하지 않으며 해상교통망으로 지정이 되더라도 해당 해역에서는 기존의 활동을 최대한 영위하도록 할 것이다. 제주도 인근 해역은 현재에도 동남아, 중국 등지에서 우리나라 연안으로 통항하는 선박의 주요 통항로로 이용되고 있으며 해상교통망이 구축될 경우 이 관습항로가 국제항해 진출입로가 되어 제주 북측과 제주 남측에 형성될 것이다. 그리고 제주항부터 형성되었던 관습적 해상교통흐름은 지선항로 및 여객선항로로 구축이 될 것이다.

참고문헌

강원지구과학교사연구회, 해상왕 장보고 유적지 답사, 2013 한국해양재단 해양교육동아리 지원사업보고서.

국가통계포털(KOSIS) (https://kosis.kr/index/index.do).

국립제주박물관, 제주의 역사와 문화, 국립제주박물관, 2001.

문화재청 국가문화유산포털 (https://www.heritage.go.kr/heri/cul/culSelectDetail.do ;jsessionid=m1sKa1s2UcxZ8kwZIDJ5QFhd2aJdRu65x67LPe9hxxdwwX9yn ymwMggVJkGKHSdq.cpawas_servlet_engine1?pageNo=1_1_2_0&ccbaCp no=1363903420000).

부산지방해양수산청 (https://www.portbusan.go.kr/index.do).

부산지방해양수산청 제주해양관리단 (http://jeju.momaf.go.kr).

서재철, 2023, 제주포구 바다의 길목에서 섬을 지키다, 한그루.

아름다운 섬나라, 해사안전 우수사업자 선정, 한국해운신문, 2022. 12. 01.

『어촌어항법』, 『어촌어항법 시행령』, 『어촌어항법 시행규칙』.

위키백과, 삼한 (https://ko.wikipedia.org/wiki/%EC%82%BC%ED%95%9C).

이재언, 『한국의 섬 - 제주도』, 출판사 어이도, 2021.

이창억, 2000, 「『탐라순력도』 고선의 선박사적 의의」, 『탐라순력도연구논집』, 제주시 ·
　　탐라순력도연구회.

인천~제주 뱃길 다시 열렸다… 긴장 속 14시간 항해, 연합뉴스, 2021. 12. 11.

『제주도지』(제주도지편찬위원회, 2006).

제주문화방송, 속탐라록, 1994.

『제주문화재연구』1 (제주문화예술재단 문화재연구소, 2003).

제주일보. 2016. 11. 28. "(16) 제주성과 맞바꾼 개항장…최대 항구되다" (http://www.
　　jejunews.com/news/articleView.html?idxno=2001576).

제주특별자치도 (https://www.jeju.go.kr/index.htm).

제주특별자치도 해양공간관리계획, 2021. 12.

중앙해양안전심판원, 여객선 세월호 전복사고 특별조사 보고서(2014).

한국어촌어항공단 어항정보 (https://www.fipa.or.kr/fipa/cntnts/i-147/web.do).

한국콘텐츠 진흥원 2009, 한반도 해양문화.

한국해운조합 2023년도 연안여객선 업체 현황.

『항만법』, 『항만법 시행령』, 『항만법 시행규칙』.

해양공간통합관리정보시스템 (https://www.msp.go.kr/main.do).

해양수산부 2002. 한국의 해양문화 5. 제주해역.

해양수산부 고시 제2020-231호 제4차(2021~2030) 전국 항만기본계획.

해양수산부 2021. 2. 제4차(2021~2030) 전국 항만기본계획 시행계획.

해양수산부, 2022년 선박통항로 안전성 평가 중 해상교통망 구축 · 관리, 해상교통 DB.

황경수, 2003, 해방 이전 제주항로의 변천사 연구.

Alexey A. Kotov, Dmitry G. Seleznev, Petr G. Garibian, Nikolai M. Korovchnsky, Anna N. Neretina, Artem Y. Sinev, Hyun-Gi Jeong, Hee-Min Yang and Wonchoel Lee, History of Colonization of Jeju Island (Republic of Korea) by the Water Fleas (Crustacea: Cladocera) Is Reflected by the Seasonal Changes in Their Fauna and Species Associations, Water 2022, 14(21), 3394.

강수경

제주도 해녀의
바다밭 지식 형성과
전승 양상

• 강수경 제주연구원 제주지하수연구센터

이 글은 "제주도 바다밭 지식과 어로 민속 연구"(박사학위논문, 2023)의 일부 내용을 바탕으로 보완하여 재구성하였다.

I. 머리말

해녀는 마을어장에서 경제적 수익을 목적으로 어로 행위를 하는 생업주체자이다. 오늘에 이르기까지 특별한 인공장치 없이 자맥질하여 해산물을 채취하는 방식을 취한다. 제주에서는 이러한 해녀의 어로 행위를 달리 '물질' 또는 '물에-질'이라고 이른다.

해녀가 그들의 생업목적을 달성하기 위해서 생업환경을 어떻게 이해하고 실제로 행해지는가는 생업민속 관점에서 매우 중요하다. 물질은 복잡한 바다 생태환경의 체계에서 이루어지는 생업활동이기 때문이다. 해녀는 물질 행위가 이루어지는 생업공간, 시간에 따라 반복되거나 또는 예기치 않은 변화가 일어나는 바다의 속성, 그리고 생업자원의 생태특성에 대한 이해를 토대로 물질 활동을 이어왔다. 더욱이 물질의 환경과 여건은 시대에 따라 변화함에도 불구하고 전통방식을 유지하면서 지속되는 생업이라는 점에서 더욱 주목된다.

생업민속지식은 물질의 전승을 뒷받침한다. 해녀는 오랜 경험을 통해서 물질에 관한 지식을 축적하고 전승하며, 환경의 변화에 따라 민속지식을 새롭게 재구성하여 적응해왔다. 해녀는 자발적으로 구성한 '잠수회' 조직의 구성원으로 공동체의 규칙과 질서를 따르며 그 과정에서 공동체 지식을 공유하고 전승한다. 더불어 해녀는 개인의 반복적인 물질 과정에서 몸의 감각과 기억을 통해 생업민속지식을 형성한다.

이 글에서는 제주도 해녀의 물질 활동이 이루어지는 과정에서 드러나는 바다밭에 대한 지식과 그 지식을 토대로 전승되는 물질의 전개 양상을 살펴본다. 이는 해녀가 물질 활동을 하는 가장 본질적인 문제에 대한 접근이라고 할 수 있다.

그동안 제주도 해녀연구는 해녀의 생업문화, 의례, 공동체 등을 중심으로 이루어졌다. 실제 물질 행위가 이루어지는 기반과 해녀가 생업목적을 달성하기 위한 그 자체에 대한 고찰과 논의는 아직까지 부족한 편이다. 또 시대에 따라 물질이 이루어지는 생업환경과 여건이 달라짐에 따라, 물질이 전승되는 양상도 면밀히 살펴볼 필요가 있다.

어촌민속연구 가운데 어로행위와 민속지식은 비교적 근래에 이르러서 주목받고 있다. 특히 유네스코 총회가 2003년 무형문화유산 보호 협약 채택을 계기로, 무형문화유산의 가치를 새롭게 인식하고 가치 발굴과 확대를 위한 노력이 활발해졌다. 특히 생업민속 분야에서도 어로 행위에서 전승되는 전통방식의 생업활동과 시스템, 전통지식을 주목하여 조사 · 연구가 활발히 이루어지고 있다.

이 글은 기존의 해녀에 관한 조사 · 연구 성과를 토대로 해녀의 면담자료를 적극적으로 활용하여 논의를 전개하였다. 해녀 면담은 실질적인 물질 방식을 이해할 수 있을 뿐만 아니라 그들의 인식을 함께 살피는 데 도움이 되었다.

II. 해녀의 바다밭 지식 형성

해녀가 효율적으로 물질 작업을 수행하기 위해서는 바다밭에 대한 지식을 체계적으로 인식하여야 한다. 물질 활동은 한정된 바다밭에서 이루어지므로, 해녀는 그들 어장의 생태환경에 대하여 매우 구체적으로 이해하였다.

해녀가 바다밭에 대한 지식을 축적하는 배경은 크게 두 가지이다. 해녀공동체인 '잠수회'와 해녀 개인의 반복적인 물질 과정이다. 해녀는 잠수회 조직의 구성원으로 공동체의 질서유지와 안전한 물질 활동을 도모하기 위한 규칙을 따른다. 그 과정에서 해녀는 공동체에서 전승되는 지식을 자연스럽게 공유하고 습득하게 된다. 그리고 개인의 반복적인 물질 과정에서 습득한 몸의 감각과 촘촘한 기억을 토대로 바다밭에 대한 지식을 더욱 정교하게 다듬는다.

무엇보다 생업환경은 주변 여건과 상황에 따라 바뀔 수 있다. 대표적으로 환경오염과 기후 변화 등으로 자원의 감소와 고갈 현상이 드러나고 있으며, 이에 대하여 해녀공동체는 매우 민감하다. 또 생업의 다양화, 경제적 안정, 사회 인식의 변화도 나타난다. 이러한 환경과 사회의 변화는 해녀공동체의 규칙과 운영 방식에도 영향을 미칠 수밖에 없다. 이러한 변화과정에서도 물질이 오늘날까지 지속되는 원동력은 해녀의 생업민속지식이 살아 있는 지식으로 환경의 변화에 유연하게 응용되기 때문이다.

민속지식(folk knowledge)은 민간전승의 지식으로서 집단 사람들이 생활하는 가운데 습득한 크고 작은 실체에 대한 실제적이고 경험적인 인지이자 지식이다. 민속지식은 본질적으로 집단 구성원들 사이에서 형성된 문화에 내재하는 지식이다. 그러므로 민속지식은 과학적 지식과 마찬가지로 그것을 전승하고 실천해 온 사람들 사이에서 통용되는 합리적인 지식이었다(배영동, 2020: 19). 또한 민속지식은 전통생태지식으로 해석되기도 하고, 그 전통지식은 전통과학, 민속과학 등으로 불리기도 한다(주강현, 2010: 9). 다시 말해 민속지식은 제한된 환경에 적응하고 대응하면서 생성·축적되고 전승되는 민간의 과학지식인 셈이다.

이 장에서는 해녀가 바다밭에 대하여 중요하게 인식하는 물질 공간, 시간, 생업자원을 중심으로 살펴본다.

1. 물질공간 인식

어장에 대한 인식은 두 가지로 나누어 살펴볼 수 있다. 우선 어장의 기본 개념인 '어로 행위가 이루어지는 수역'이라는 의미가 있다. 이 경우의 어장은 동일한 어촌계의 권한이 적용되는 범위로 대개 마을을 기준으로 공간이 구분된다. 다른 하나는 해녀공동체의 물질 작업이 이루어지는 실질적인 생업공간으로 마을어장 안에서 해녀가 일정한 기준에 의해 인식하는 공간을 가리킨다.

어장 간 경계는 측량 결과에 따라 10년 동안 효력이 유지되며, 1회 연장이 가능하여 최대 20년까지 유효하다. 경계 표시는 분기점과 관련된 내용을 비석에 새기거나, 여와 같은 바다의 특정 지형을 기준으로 삼는다. 어장의 경계에 대한 인식은 어촌계법으로 규정하기 이전부터 존재하였다. 2016년 태풍 차바로 성산읍 광치기 해변에서 발견된 어장경계 구획 비석을 사례로 들수 있다.

출처: 제주환경일보, 2016.10.12.

어장경계비

위 비문의 내용은 '旌義面古城里/及城山里地先(정의면 고성리 및 성산리 지선)'
이다. 성산읍은 1914~1935년 3월까지 행정구역이 정의면에 해당되었다. 이
를 근거로 따지면 어장경계비는 20세기 초에 새겨진 것으로 짐작할 수 있다.

또, 어촌계법이 마련되기 전까지는 바다에 떠오른 시체를 수습하는 행위
등의 바다의 관리가 어장의 이용 권한을 행사하는 데 큰 영향을 미쳤다. 이
는 제주도 어촌사회의 오랜 관습으로 여러 마을의 사례가 전해진다. 그리고
이러한 관습으로 차지한 어장은 이후 법적 권한을 갖는 데 중요한 근거로 작
용하였다.

> 지쿠섬에 사람 죽언 올랐어. 올랐는데 아무도 손 안 댔거든. 위미리 여
> 기 어른이 어부질 ᄒ멍 그 죽은 사람을 묶언에 다 핸 배로 ᄭ선 이디 와
> 났어. 경ᄒ난 위미리 사람이 그걸 치와부니까 위미1리 바당에 지쿠섬이
> 뒈분 거. 이제 위미1리 ᄒ고 지쿠섬ᄒ고 경계선 엇이난 넙빌레 저펜이 가
> 민 이제 경계선 다 박아정 잇어.[1]
>
> (지귀도에 사람 죽어서 떠올랐어. 올랐는데 아무도 손 안 댔거든. 위미리 여기 어른이 어
> 부 일 하면서 그 죽은 사람을 묶어서 다 해서 배로 끌어서 여기 왔었어. 그렇게 하니까 위
> 미리 사람이 그걸 치우니까 위미1리 바다에 지귀도가 된 거. 이제 위미1리하고 지귀도하
> 고 경계선 없으니까 '넙빌레' 저쪽에 가면 경계선이 박아 있어.)

정확한 시기는 알 수 없으나 위미1리 어촌계가 지귀도 어장을 차지하게
된 배경이다. 위미리에 거주하는 어부가 바다에서 주인 없는 시체를 수습한
것이 그 계기이다. 지귀도는 남원읍 위미리에서 5km 떨어진 곳에 있는 섬으

---

1 고○○(여, 1938년생, 서귀포시 남원읍 위미1리), 2022.7.22., 필자 면담.

로, 지역 주민들은 '지쿠섬', '지꾸섬'이라 부른다.

어장 간 경계에 대한 관념은 관습법이 적용되어 오다가 1975년 수산업법 개정으로 어촌계가 마을어장의 권한을 부여받으면서 더욱 명확해졌다.

또 다른 어장에 대한 인식은 마을어장에서 해녀가 실질적인 물질을 위해 구분한 공간이다. 단순한 공간이 아닌 생업환경을 인지하는 '바다밭'의 개념이라고 할 수 있다. 이처럼 해녀공동체가 공간을 이해하는 방식은 민속학적인 측면에서 매우 흥미롭다.

해녀가 생업공간에서 인지하는 어장은 '거리'와 '생업자원'을 기준으로 공간을 인식하였다. 해녀는 수평적 거리 기준으로 '갯곳'과 '먼바당'으로 바다밭을 나누었다. '갯곳'은 달리 '곳', '곳바위', '곳디' 등 마을마다 명칭이 다르게 나타나는데, 이는 조간대 일대를 가리키는 말이다. 한편 '먼바당'은 '조간대에서 멀리 떨어진 바다'를 의미하며, 수심이 깊어 '지픈바당(깊은 바다)'이라고도 한다.

> '먼바당'이라고 하는 거는 여기 물 빠지는 데 있잖아. 물 빠지는 데 한해서는 '곳바당', 그 물 썬(빠진) 후에 저쪽으로 나간 건 그냥 깊은 바다. 그러면 여기서는 우리가 두 번만 헤엄치면 이 땅을 들어갈 수 있는데, 저기는 세 번 네 번 다섯 번 해야 물 아래 들어갈 거지, 깊으니까.[2]

해녀는 밀물과 썰물에 따라 바닥이 드러나는 공간까지를 '곳바당(갯가)'으로 인지하였다. 그리고 물속으로 들어가기 위해 손을 놀리는 횟수에 따라 수심의 차이를 인지하여 갯가와 깊은 바다를 감각적으로 구분하였다.

---

2 이○○(여, 1946년생, 제주시 조천읍 북촌리), 2022.10.9., 필자 면담.

또한 해녀는 생업자원의 주요 서식처를 중심으로 바다밭의 공간을 인지하였다. 특히 해조류는 일정한 곳에서 군락을 이루어 서식하기 때문에, 이러한 경우 '해조류의 명칭+밧(밭)'으로 공간을 인지하였다. '메역밧', '우미밧', '톨밧'이 대표적인 사례이다. 전복, 소라, 해삼, 성게 등은 각 자원의 생태특성에 따라 군락을 이루지 않고 서식하기 적합한 곳에 흩어져 머문다. 따라서 이러한 생업자원은 '~밧'으로 인지할 수 없으며, 해녀가 반복적인 물질 경험을 통해서 각 자원이 주로 분포하는 특정 장소를 기억해 둔다.

이 외에도 특별한 목적을 두고 일정한 어장에서 해산물을 채취한 경우, 그것이 곧 어장의 이름이 되기도 하였다. 대표적인 사례가 '학교바당'이다. 어촌계는 우뭇가사리나 톳 등의 해조류를 공동채취하여 판매한 수익금을 마을의 학교나 행사에 기부하였다. 지금도 어촌계는 마을공동체의 일에 적극적으로 참여한다. 잠수회는 마을구성원 가운데 해녀를 중심으로 구성된 생업공동체로, 마을공동체와 밀접하게 연관되어 있다.

마지막으로 제주도 어촌사회에서는 '할망바당'이라는 관념이 있다. '할망바당'은 물질 기량이 떨어진 고령의 해녀가 일정한 수확을 얻을 수 있도록 관례적으로 배려해 준 공간이다. 주로 갯가에 일정한 구역을 가리킨다.

> 옛날은 우리 젊을 땐 저 뭐 헌 어른덜 굿바위 들민 돌로 막 맞치멍, "이년덜아 베겻더레 나가라, 어디 들어완딘." 막 헤낫주게. 나이든 사름덜이 우리 젊은 사름신더레. ᄀ치 당신네 헐 거 허젠 헴덴.[3]
>
> (옛날은 우리 젊을 땐 저 뭐 한 어른들은 갯가에 들면 돌로 마구 맞히면서, "이년들아 바깥쪽으로 나가라, 어디 들어왔느냐"고 마구 했어. 나이 든 사람들이 우리 젊은 사람한테. 같

---

3 김○희(여, 1938년생, 제주시 조천읍 함덕리), 2022.3.20., 필자 면담.

이 당신네 할 거 하려고 한다고.)

위의 면담자료를 통해 젊은 해녀가 '할망바당'에서 작업을 하는 경우 갈등이 발생하였을 것이라고 쉽게 짐작할 수 있다. '할망바당'은 관행으로 굳어진 풍속으로, 해녀공동체의 질서 유지를 위해 공통으로 인지하고 또 전승되는 지식임을 알 수 있다.

2. 시간 인식

해녀는 기본적으로 물때 체계를 인지한다. 밀물과 썰물뿐만 아니라 보름을 주기로 순환하는 물때에 대하여 이해한다. 이는 해산물 채취 작업이 효율적으로 이루어질 수 있도록 도울 뿐만 아니라 바다에서 벌어질 수 있는 위험한 상황에 대비할 수 있다. 그러나 해녀는 그들이 물질하는 바다밭의 물때만 인지할 뿐 이웃의 물때에 대해서는 알지 못하였다. 이는 해녀공동체가 한정된 어장에서만 물질 작업이 이루어지기 때문인 것으로 추정할 수 있다. 한편 이를 통해서 물때에 관한 지식은 해녀공동체 내부에서 공유·전승되는 지식임을 짐작할 수 있다.[4]

왕한석은 한국의 물때를 서해안과 남해안의 모델 체계로 구분하여 제시하였다. 음력 1일을 기준으로 볼 때 서해안은 일곱물인 '7물때식'이며, 남해안은 여덟물인 '8물때식'의 체계로 나누었다(왕한석, 2018). 제주도는 타원형 모양의 섬으로 제주시에서 서쪽으로 서귀포시 강정 마을까지 해당되는 어촌

---

4 서귀포시 법환동 신○○ 씨는 자릿배를 2017년까지 운영하였다. 신씨는 오랫동안 어부 생활을 하면서 법환동과 강정동을 경계로 물때가 나뉘는 사실을 인지하고 있었다. 그러나 해녀의 경우 이웃 마을의 물때와 관련된 질문을 하면 "잘 알지 못한다"고 답하는 사례가 많았다.

의 어민들은 7물때식 체계로 인식하였다. 나머지 남동쪽의 어촌마을은 8물때식 체계이며, 이는 서귀포시 법환동부터 제주시 조천읍 지역까지가 해당된다.

제주에서는 보름 주기 가운데 물이 잔잔하여 큰 변화가 없는 때를 '조금'이라 하고, 물이 세어지는 때를 '웨살(사리)'이라 이른다. '웨살'은 대개 일곱물부터 '조금' 전까지를 가리킨다. 물질 작업은 대체로 조금부터 사리 직전인 여섯물까지 이루어진다. 일반적으로 사리 때는 물의 흐름이 강하여 사고 위험이 크고, 작업에도 어려움이 있기 때문에 되도록 피한다. 그러나 물질 기간은 어촌계의 내부 사정에 따라 규칙을 정하며, 사리 때라 하더라도 물질 자체를 못 하는 것은 아니다. 과거에 해녀들은 조금과 사리를 가리지 않고 생계를 유지하기 위해서는 매일 물질을 다녔다고 한다.

> 우리 헐 떼는 태풍만 안 불민 금지 기간 없이 계속 들어갓주, 바당에. 겐디 지금은 날짜 딱 정혜근에 허는디. 이제 훈물 날 뎅기민 다섯물 날꼬지만 다녀근에 지금은 안 다녀.[5]
>
> (우리 할 때는 태풍만 안 불면 금지 기간 없이 계속 들어갔어, 바다에. 그런데 지금은 날짜 딱 정해서 하는데, 이제 한물 날 다니면 다섯물 날까지만 다녀서 지금은 안 다녀.)

과거에는 해산물이 풍부하여 태풍과 같이 특별한 방해요소가 없으면 물질을 하였다. 해녀는 물때에 대한 인지를 바탕으로 사리 때에도 작업이 가능한 장소를 찾았다. 이처럼 해녀는 물때에 따라 물질하는 바다밭을 구별하기도 하였는데, 각각의 바다밭은 물의 흐름과 바람의 영향을 달리 받기 때문이

---

5   손○○(여, 1933년생, 제주시 구좌읍 하도리), 2022.4.23., 필자 면담.

다. '코지'(곶串)는 제주도 해안선에 용암이 길게 내려 뻗어 돌출한 곳이며, 해안선이 후미진 곳은 '개'(만灣)라고 하였다. '코지'는 물살이 세어 '웨살' 때 작업이 어려우므로 주로 조금에만 물질을 하고, '개'는 물살이 잔잔하여, '웨살' 때에도 물질할 수 있다(고광민, 2016: 473).

해녀는 생업자원 대상에 따라 사리 때 작업하는 경우도 있다. 조간대에서 작업하는 톳 채취가 대표적이다. 톳 채취는 일반적으로 3월에 시작되며, 사리 때 물이 빠진 뒤 앉아서 작업이 이루어졌다.

해녀는 하루에 두 번 바뀌는 밀물과 썰물도 당연히 고려한다. 해녀는 썰물에 물질을 나가고, 다시 갯가로 나올 때는 밀물에 의지해서 들어오는 방식을 취한다. 물의 흐름과 작업의 이동 방향을 동일하게 취하여 에너지 소모를 최대한 줄이고 작업을 순조롭게 하기 위한 방법이다.

해녀는 밀물과 썰물이 흐르는 방향도 인지한다. 제주에서 밀물은 동쪽에서 서쪽으로 들며, 반대로 물이 빠질 때는 서쪽에서 동쪽으로 흐른다. 해녀는 바람 또는 물이 흐르는 방향으로 작업의 순서를 정한다. 이는 해녀가 물속에서 작업하는 동안 띄워 놓은 테왁이 자연히 물의 흐름대로 움직여야 노동력을 덜 수 있기 때문이다.

해녀는 물질 여부, 해산물 채취 대상, 바다에 들고 나는 때를 결정하는 데 물때를 중요한 고려 요인으로 삼았다.

3. 생업자원 인식

생업자원은 인간이 바다의 여러 생태자원 가운데 특정 자원을 생업자원으로 채택함으로써 사회·경제적인 가치와 의미를 부여받는다. 인간이 특정한 방식으로 사고하고 이용하는 동식물은 그냥 자연이 아니라 이미 '문화적으로 의미화된' 자연이기 때문이다(조숙정, 2014: 4). 해녀는 상황과 여건에 따라 유동적으로 생업자원을 인식하였다. 해녀가 바다밭 자원 가운데 무엇을 생업자원으로 삼을 것인가의 중요한 기준은 자원의 상품 가치이다.

지금까지 제주도 해녀는 바다밭 자원 가운데 미역, 감태, 톳, 우뭇가사리, 모자반 등의 해조류와 전복, 소라, 해삼, 성게 등을 주로 채취하였다. 과거에는 소살(작살)을 이용하여 돔, 쥐치, 광어 등 어류도 어획하였으므로 지금보다 훨씬 자원의 인식 범위가 넓었다고 할 수 있다.

제주도 해녀에게 일찍부터 환금작물로 인식된 것은 미역이다. 일제강점기 판로가 개척된 이후에는 감태, 톳, 우뭇가사리, 모자반 등의 해조류도 매매량이 증가하여 경제적 가치가 높은 자원이었다. 듬북은 보리 재배에 거름으로 활용되어 나름대로 상품 가치를 지닌 해조류였다. 전복과 소라, 해삼, 성게 등도 시기별로 상품의 가치가 조금씩 차이가 날 뿐 꾸준히 채취하는 생업자원이다. 이 가운데 제주도에서 일찍이 환금자원으로 인식된 미역의 사례를 통해서 제주도 해녀가 생업자원을 어떤 기준으로 인식하는가를 살펴보겠다.

조선 후기 실학자 정약용의 『경세유표』에는, '제주도의 미역은 조선사람 절반이 먹는다(濟州亦産海藿 半國仰哺)'고 기록되어 있다. 특히 서해안 쪽에 사는 사람들은 제주도의 미역을 많이 먹었다고 언급하였다(고광민, 2022: 202). 제주도에서 생산한 미역이 조선시대 이미 환금작물로 자리 잡았음을 알 수 있다. 과거 해녀공동체 사회에서는 '미역이 곧 돈이다'라는 인식이 보편적이었다.

옛날에는 소랄 아니 받아부난 메역허젠 허민 드글락 허곡 막 소라 천지. 먹젠이난 허젠 허민 헤왓주. 누게 사지 안 헤부난. 메역만 눈 뒷앙낭 메역만 허젠. 돈 날 것만 허젠.[6]

---

6   이○자(여, 1934년생, 조천읍 북촌리), 2022.10.9., 필자 면담.

(옛날에는 소라를 아니 받아버리니까 미역하려고 하면 덜커덕하고 마구 소라 천지. 먹으려고 하면 해 왔지. 누가 사지 안 해 버리니까. 미역만 눈 뒤집어서 미역만 하려고. 돈 될 것만 하려고.)

과거에는 미역이 최고의 환금작물이었기 때문에 미역 옆에 소라가 쌓여 있어도 먹을거리 정도로만 채취할 뿐 오히려 소라를 치우고 미역을 채취하였다고 한다. 해녀가 자원을 인식하는 기준은 경제적 가치에 있음을 잘 보여준다.

자원의 상품 가치는 무엇을 대상으로 하는가 외에도 자원의 어떤 상태의 상품을 가치 있게 여기는가의 문제가 있다. 해녀는 동일한 해조류라 하더라도 서식하는 위치와 환경에 따라 구분하였다. 미역은 갯가에서부터 수심이 깊은 곳까지 고르게 분포한다. 해녀는 갯가에서 채취한 미역을 '굿메역'이라 이르며, '바당메역'은 수심이 깊은 바다에서 자맥질하여 채취하는 미역을 가리켰다. 이처럼 서식환경에 따라 다시 해조류 상품의 질이 결정되는데, '바당메역'은 거무스름한 색을 띠며, 미역이 도톰하여 식감이 좋다는 인식이 일반적이다. 갯가에 분포한 미역은 썰물에 노출되어 색이 노르스름하고 미역이 얇고 길이 또한 짧아서 상품의 가치가 떨어진다고 여겼다.

미역은 주로 출산한 산모와 아기를 위하여 귀하게 쓰이는 해조류이다. 일반적으로 미역의 길이는 장수와 밀접하다는 인식이 있었기 때문에 미역의 길이가 길수록 상품의 가치가 높았다. 해녀들은 미역의 상품 가치를 높이기 위해서 짧은 미역은 이어 붙이면서 길게 만들었다고 한다.

해녀가 환금작물인 미역의 수확량을 최대한 높이려는 것은 당연하다. 조천읍 북촌리에서는 초벌 채취한 미역의 밑동에서 자란 미역을 5월경에 두벌 채취를 하였다. 두벌 채취한 미역은 보리와 밀을 수확하는 시기와 비슷하여 '밀메역' 또는 '보리메역'으로 불렸다. 밀메역은 얇고 길이가 짧은 편으로 초벌보다는 상품성이 떨어졌으나 미역은 당시 환금작물이기 때문에 경제적 수익을 내는 데 기여하였다.

그러나 1970년대 이후 양식 미역이 빠르게 시장에 보급되었고, 그 영향으로 제주 미역의 판로가 차단되었다. 게다가 환경 변화로 인한 미역의 생산도 급감하였다. 지금은 어촌계마다 개별적으로 주문받은 양 정도만 채취하고 그외 나머지 미역은 물속에서 베어 그대로 버리거나 자연히 썩게 놔두는 방식으로 처리한다. 설령 미역이 있다 하더라도 미역을 채취하는 노동에 비해 경제적 이득이 없으므로 효율성이 떨어진다고 판단하기 때문이다. 현재 해녀공동체는 해조류 가운데 톳과 우뭇가사리를 주요 채취의 대상으로 삼는다.

III. 물질의 전승 양상

제주도 어촌사회에서 물질은 오늘날까지 이어지고 있는 대표적인 생업이다. 그러나 물질이 이루어지는 생업환경과 생업주체자의 여건 변화는 뚜렷하다. 해녀가 마을어장에 대하여 가장 큰 변화로 꼽는 것은 생업자원의 감소이다. 과거와 견주어 어장은 환경오염과 기후위기 등으로 바다 자원이 전체적으로 감소하였다는 것이다. 또, 생업주체자인 해녀의 사정도 과거와 다르기는 마찬가지다. 농업과 어업에서 환금작물이 등장하면서 가계가 경제적으로 일정 수준 안정화되었다. 해녀는 지속적으로 감소 추세를 보이고 있으며, 물질 도구와 기술의 변화도 나타났다. 이러한 생업환경의 총체적인 변화는 물질의 전승 양상에도 영향을 미칠 수밖에 없다.

해녀는 물질환경과 여건의 변화에 적응하고 대응하며 물질을 이어간다. 이처럼 변화된 환경에서도 물질을 지속할 수 있는 것은 민속지식이 토대가 되기 때문이다. 해녀가 민속지식을 어떻게 발휘하여 적용하는가에 따라 생업의 전승 양상은 다르게 나타난다.

1. 유한자원에 대한 인식 강화

어촌계는 바다자원이 눈에 띄게 감소하였다는 사실을 인지한다. 해녀공동체는 과거와 견주어 입어 기간을 단축하는 추세이다. 해녀가 물질 작업 횟수를 줄이는 이유는 자원의 감소 탓도 크다. 또한 생업자원이 감소된 상황에서 물질 작업 방식은 전환되기도 하였다. 해녀는 자원의 생태성에 따라 적정한 시기에 집약적으로 물질 작업을 벌인다. 이는 작업의 효율성을 따지는 것뿐만 아니라 장기적인 관점에서 생업의 지속성을 위한 대응 방식이다.

어촌계가 유한한 바다의 자원과 공존하며 해녀의 지속 가능한 생업활동을 보장하는 장치로, 금채(禁採)와 허채(許採)의 기간을 엄격히 하고 있다. 허채는 달리 '해경(解警)' 또는 '대조문'이라고 하는데 해녀공동체의 규칙에 따라 특정 자원의 채취 시기를 알리는 것이다. 금채와 허채는 자원의 생태주기를 바탕으로 어획 시기와 자원의 보호 기간을 설정하여 바다 자원의 고갈을 방지할 수 있다. 해조류의 경우 미역과 우뭇가사리, 톳이 주요 대상이고, 전복, 소라, 해삼 등은 산란기에 채취를 금지한다. 이러한 제도는 해산물의 양과 질을 일정 정도 보장해 준다. 이뿐만 아니라 노동의 효율적인 배분으로 궁극적으로는 경제성에 기여하는 생산방식이라고 할 수 있다.

해경(解警) 날짜는 날씨와 물때 같은 자연환경 요건 외에 공동체의 대사(大事)가 없는 날을 택한다. 마을 공동의 제일이거나 장사가 나면 해경은 미루는 게 관행이다(김영돈, 1999: 87). 생업공동체의 구성원은 대부분 마을공동체의 일원이기 때문이다.

바다의 자원 고갈을 방지하는 전략 가운데 해산물의 크기를 제한하는 방식도 있다. 소라는 채취하여 바로 수매가 이루어지기 때문에 크기 기준에서 미달된 것은 다시 바다밭에 넣어서 생장할 수 있도록 보호한다.

해녀가 적극적으로 자원을 보호할 뿐만 아니라 생업자원 대상을 확보하기 위한 노력은 '갯닦기'에서 찾아볼 수 있다. 수협은 1965년부터 조간대 보호 운동 차원에서 갯닦기를 지원하였다. 갯닦기는 돌에 서식하는 잡초를 뽑고 석회초가 붙은 돌이나 바위를 깎는 일이다. 톳과 우뭇가사리의 해조류 서식뿐만 아니라 소라와 전복 어종의 주요 산란장이기 때문이다.

북촌리에서는 바위에 붙은 까끌까끌하고 아주 작은 알갱이 돌을 '적'이라고 하였다. '적'은 바닷가 돌 위에 붙어 있는 날카로운 굴 껍데기 따위를 가리키는 제주어다. 흰색과 붉은색을 띤다고 알려졌다. 해녀는 '적'을 쪼는 것을 갯닦기라고 일렀다. 현재는 톳 분포지를 중심으로 갯닦기를 실시한다.

더불어 해녀가 적극적으로 자원을 보호하는 것은 '바당 지키기'이다. 해녀가 보통 짝을 이루어 마을어장을 지키는 일을 말한다. 해녀는 마을어장에 주요 수입원의 대상인 소라, 전복 등을 양식하는데, 일반인들이 몰래 채취하거나 어장이 훼손될 경우를 대비하는 것이다. 또한 자원의 생장에 방해되는 행동을 예방하려는 목적이 있다.

2. 자원 채취 방식의 전환

해녀가 주로 채취하는 해산물은 톳, 우뭇가사리, 소라, 성게, 해삼이다. 이 자원들은 일정한 시기가 되면 채취가 이루어지며, 전복은 눈에 띄는 대로 채취하지만 보기 드물다. 그러나 실질적으로 물질하는 해녀가 감소할 뿐만 아니라 고령화가 진행되면서 해녀공동체는 해산물의 채취 방식을 이전과 다르게 취하고 있다.

[표 1] 연령별 해녀 수 변화

구분		1970	1980	2000	2010	2020
해녀 수(명)		14,143	7,804	5,789	4,995	3,613
연령구성 비율(%)	30세 미만	31.3	9.8	0.1 (3)	-	0.1 (4)
	30~49세	54.9	60.7	22.1 (1,282)	2.5 (125)	2.1 (77)
	50~59세	13.8	29.8	77.8 (4,504)	97.5 (4,870)	8.6 (309)
	60~69세	-	-	-	-	30.2 (1,091)
	70세 이상	-	-	-	-	59 (2,132)

2000년대 이후 해녀의 수는 점진적으로 감소세가 뚜렷하다. 1970~80년
대 30~49세가 전 연령의 50% 이상을 차지하고 있으나, 2020년 기준 70세
이상의 해녀가 59%이다. 게다가 실질적으로 물질 활동에 참여하는 해녀의
수는 더 적다.

해조류 채취 방식 또한 공동 작업에서 개별 작업으로, 또는 아예 채취하
지 않기도 한다. 생업자원이 감소하거나 시장 형성이 안 된 자원은 일정 수
익을 내기 어렵다고 판단한 경우이다.

[표 2] 어장 이용과 채취 방식

구분		미역	우뭇가사리	톳
신흥리	어장이용	공동어장	공동어장	공동어장
	채취방식	개별채취-채취 안 함	공동채취	공동채취
함덕리	어장이용	공동(1~4구 어장 차례로)	어장분할(1~4구)	어장분할(1~4구)
	채취방식	개별 채취-채취 안 함	공동채취-개별채취-채 취 안 함	공동채취
북촌리	어장이용	공동어장	어장분할	어장분할
	채취방식	개별채취-개별채취(소량)	공동채취-어장매매	공동채취-어장매매

위의 표는 조천읍에 있는 어촌 마을이다. 마을과 해조류의 대상에 따라 어장의 이용 방식과 채취 방식이 다르다는 것을 알 수 있다. 어장의 운영 방식은 어촌계가 마을의 전통을 기준으로 조금씩 차이가 난다. 다만 채취 방식은 시간의 흐름에 따라 공동채취에서 개별채취, 다시 채취권을 판매하는 어장매매 방식으로 바뀌고 있다.

해녀는 생업환경의 변화에 적응하기 위해 자원의 채취 방식을 전환하기도 하였다. 톳은 오래전부터 공동채취의 대상이며, 여러 어촌계에서 오늘날까지 공동채취가 유지되는 대상이다. 톳 채취 작업에는 해녀공동체가 역할을 분담하여 톳을 채취하는 사람과 톳을 갯가 밖으로 나르는 일을 나누었다. 그러나 지금은 해녀 수가 감소하여 역할 분담이 어렵다. 특히 톳은 3월 보름이나 그믐인 사리 때 물이 빠진 뒤 톳바위가 드러나면 밭일처럼 앉아서 작업한다. 그러나 지금은 물이 든 상태에서 자맥질하여 톳을 베어내고 망사리나 포대에 담아 물에 띄운 상태로 밀려서 옮긴다. 톳 채취 방식이 이루어지는 물때가 썰물에서 밀물로 완전히 전환된 사례이다. 톳 채취는 오래전부터 이어온 것이나 해녀가 채취하는 방식은 환경과 여건에 맞추어 새로운 방식으로 접근하고 있음을 알 수 있다.

제주도 해녀들은 생업환경의 변화에 기존의 축적된 생업지식을 새롭게 재구성하여 적용하고 있다. 생업민속지식은 살아 있는 지식이며, 그로 인해 생업활동이 지속될 수 있는 것이다. 특히 해녀는 바다의 생태자원을 이용의 대상으로만 여겼으나, 지금은 점차 자원을 보호하거나 확보하기 위하여 적극적으로 관리하고 개입한다.

1990년대 이전에는 깊은 바다에서 채취한 성게를 그대로 상품화가 가능하였다. 그러나 지금은 깊은 바다의 해조류가 급격히 감소하면서 성게의 알맹이가 잘 여물지 않아 이중의 노동을 취하여야 수확을 할 수 있다.

해녀들은 4~5월경 성게 채취 시기가 되면 갯가에서 성게 작업을 한다. 성게는 이르면 6월부터 알맹이가 녹아 없어지기 때문에 늦어도 6월까지 성게 작업을 마친다. 해녀들은 7월부터 깊은 바다에서 성게를 채취하여 갯가로 옮기는 작업을 한다. 특히 성게의 경우 우뭇가사리 군락지로 옮기면 먹이가 어느 정도 해결되어 알맹이가 잘 여문다고 하였다.

게곡 성게도 다 알 싸불고ᄒᆞᄂᆞᆫ 따문에 알싸분 때 이 넙빌레 바당 ᄀ.뜬디 가그네 성게 파그네 야픈디 강 파당 이 가운디쓸드레 들이치고. 지쿠섬이 강 들이치곡 ᄒ.주게. 그디는이 너미 ᄀᆞᆺ디라부니까 ᄀᆞᆺ디 사름도 해불고. 거기서 받아당 이 알 잘 먹는드레 들이쳐그네 술지게헤영 또 잡아냄주게. 가운디쓸이렌 ᄒᆞᆫ디 이디 잇주. 가운디쓸, 소롱곳, 넙빌레 경 다 잇주게. 경ᄒᆞᆫ난 넙빌레껀 헤당 가운디쓸드레 들이쳐그네 술지게헤영 잡는 거지. 봄에 잡아당 이디 들이쳐그네 여물 들게 헤그네 이제 잡암서.[7]

(그리고 성게도 다 알 싸버리고 하는 때문에 알 싸버린 때 이 '넙빌레' 바다 같은 데 가서 성게 파서 얕은 데 가서 파다가 이 '가운데쓸'에 들여놓고. 지귀도에 가서 들여놓고 하지. 거기는 너무 갯가라 버리니까 갯가에 사람도 해 버리고. 거기서 받아다가 알 잘 먹는 데에 들여서 살찌게 해서 또 잡아내지. '가운디쓸'이라고 한 데 여기 있어. '가운디쓸', '소롱곳', '넙빌레' 그렇게 다 있어. 그렇게 하니까 '넙빌레' 것은 해다가 '가운디쓸'에 들여놔서 살찌게 해서 잡는 거지. 봄에 잡다가 여기 들여놔서 여물 들게 해서 이제 잡고 있어.)

해녀공동체는 특정 자원을 마을어장에서 서식하기 적합한 곳으로 옮겨 해산물이 제대로 생장할 수 있도록 한 뒤 채취하는 방식으로 전환하였다. 일종의 자연양식인 셈이다. 이러한 적극적인 변화는 해녀공동체가 마을 어장

---

7 고○○(여, 1938년생, 서귀포시 남원읍 위미1리), 2022.7.22., 필자 면담.

에서 민속지식의 활용과 공동체의 결속을 통해 생업목적을 달성하려는 의지가 재확인된다. 무엇보다 환경의 변화에도 생업이 지속될 수 있는 토대는 민속지식이 살아 있는 지식으로 변화에 적응할 수 있도록 새롭게 적용하였기 때문이다. 해녀들이 생업을 이어가기 위한 노력은 북촌리, 남원읍 위미리 등 여러 지역에서 확인할 수 있다.

3. 도구와 기술의 변화

물질도구는 해녀가 자원의 생태성을 어떻게 인식하는가를 반영한다. 도구는 자원의 환경과 생태성을 고려하여 합리적으로 제작되고 선택되기 때문이다. 해녀는 물질작업을 위해 해녀복과 수경을 착용한다. 해녀복은 '물옷', '속곳', '소중이', '소중기' 등의 다양한 이름으로 불리었으나 지금은 고무옷으로 바뀌었으며 오리발도 추가되었다. 해녀가 자원을 채취하는 데 실질적으로 쓰이는 도구는 '테왁', '망사리', '조락', '중게호미', '호맹이', '빗창', '본조갱이', '공젱이' 등 다양하다.

해녀는 물질도구를 고르게 갖추어, 자원의 생태성을 고려하여 적절히 이용한다. 미역, 톳, 모자반 등 길게 자라는 해조류는 '중게호미'를 이용하여 베어내고, 우뭇가사리는 길이가 짧고 솜털뭉치처럼 자라서 손으로 맨다. 가시리는 얇고 뾰족하게 생긴 모양으로 손으로 집어서 뽑는다. 파래는 잎이 아주 얇게 붙어 있어서 '거펭(전복 껍데기)'을 도구로 삼아 긁어냈다고 한다. 물속에 잠겨 있는 듬북은 테우 위에서 어부가 줄아시(장낫)로 벤 뒤 '공젱이'로 끌어 올린다. 바람에 뽑혀 갯가에 밀려온 감태, 듬북, 우뭇가사리 등의 풍조도 '공젱이'를 이용하여 끌어당겨 올린다. 이와 같이 자원의 생태성을 파악하여 도구와 기술을 합리적으로 이용하는 것은 효율적이고 경제적인 효과를 누릴

수 있다.

한편 생업자원의 인식 변화는 곧 도구와 기술의 변화를 일으킨다. 과거 듬북은 보리농사에 주요 거름으로 어부와 해녀가 협업하여 '줄아시'로 물속에 잠긴 듬북을 채취하는 것이 중요한 일이었다. 그러나 화학비료가 원활히 공급되면서 듬북을 채취하는 일이 사라졌으며, 줄아시는 더이상 생업현장에서 도구로 활용되지 않는다.

제주도 해녀의 물질 활동에서 가장 큰 전환점은 오랫동안 무명천으로 된 '물옷'에서 고무 잠수복으로 바뀐 것이다. 고무 잠수복 착용 이후 물질 방식과 해녀의 생업민속의 여러 변화가 드러났다.

고무 잠수복은 1970년 전후 개별적으로 도입되기 시작하였다. 기존의 무명천은 추위에 열악하여 물질 작업시간을 넉넉히 할 수 없었다. 해녀가 젖은 옷을 갈아입기 위해 불턱으로 오고 가는 시간도 많이 소비되었다. 그러나 고무 잠수복이 도입되면서 추위를 극복하게 되었고, 이때부터 해녀가 물에 한번 들면 작업이 끝날 때까지 물질을 계속할 수 있었다. 그러나 해녀공동체가 물질도구의 변화를 받아들이는 과정은 순탄하지만은 않았다.

> 일본 오레비딜 사난 이젠 고무옷을, "누님 경 얼게 닥닥 털지 마랑 고무옷 입엉 헙서." 고무옷을 헤다 준 거라. 헤다 주난 입젠 허난 막 우리덜 고무옷 입엉 저 뻔뻔헌 연철 차곡 헹 누게 죽일 일 잇수겐 막 못 입게 헤 낫주게. 연철을 보민 겁 낭. 이제난 그냥 무시거 헌 디. 굴라앗일 셍각허명. 경 헹 이 연철 창 사람 죽일 일 잇수겐. 경 헹 허명 막 못 입게. 경 헤신디 이젠 딴 무을에서도 추추추추 입어가난 다 입게 뒛주. 그떼 고무옷 잘도 빗나낫어.[8]

---

8   김○희(여, 1938년생, 제주시 조천읍 함덕리), 2022.3.20., 필자 면담.

(일본 동생들 사니까 이젠 고무옷을, "누님 그렇게 춥게 닥닥 떨지 말고 고무옷 입어서 하세요." 고무옷을 해서 준 거야. 해서 주니까 입으려고 하니까 마구 우리들 고무옷 입어서 저 무거운 연철 차고 해서 누구 죽일 일 있냐고 마구 못 입게 했었지. 연철을 보면 겁나서. 이제니까 그냥 뭐한데. 가라앉힐 생각하면서. 그렇게 해서 이 연철 차서 사람 죽일 일 있냐고. 그렇게 해서 하면서 마구 못 입게. 그렇게 했는데 이젠 딴 마을에서도 차차차차 입어가니까 다 입게 됐지. 그때 고무옷 아주 비쌌어.)

해녀공동체 사이에서 '고무옷'이라 불리는 고무 잠수복 도입은 1970년 전후로 일본에 거주하는 가족이나 친척이 고향에 보내주는 것에서 시작되었다. 고무옷은 합성고무 재질로 부력이 생기기 때문에 허리에 연철을 달아매어 물 아래로 내려가기 수월하도록 장치하였다.

그러나 해녀 개개인의 수용 여부뿐만 아니라 마을어장이라는 공동의 생업공간을 이용하기 때문에 훨씬 민감한 사항으로 다루어졌다. 당시 언론에서도 고무 잠수복 도입을 둘러싼 해녀공동체의 다양한 반응에 관련하여 주목하였다.

제주어협 해녀, 스펀지 잠수복으로 바꾸기로(제주신문, 1971년 4월 28일 자)

제주어협 산지어촌계에서는 오는 6월 말까지 해녀들의 잠수복을 스펀지 잠수복(시가 개당 2만 3,000원)으로 대체한다. 26일 양치용 산지어촌계장은 총 171명의 해녀 가운데 80명이 현재 스펀지 잠수복을 착용하여 최고 9m 깊이에서 작업하던 것이 15m까지 잠수할 수 있으며, 작업 능률은 해녀 한 사람이 종전 해녀의 10명분을 해낼 수 있으며, 수중작업 시간도 종전에는 최고 1분이 고작이던 것이 2분 동안 계속할 수 있다는 것이다.

그러나 고무 잠수복 도입과 관련하여 공동체 구성원 내 새로운 갈등과 문제가 야기되었다. 당시 고무 잠수복은 개별적으로 마련하였으며, 비용이 많이 필요하였다. 이뿐만 아니라 새로운 문화를 받아들이는 데에는 개별적인 격차가 있었다.

잠수복 入漁紛爭-歸德 10명 外 백여 명 못 갖춰(제주신문, 1972년 3월 21일 자)

현재 이 마을 10여 명 해녀가 잠수복을 착용하고 나머지 1백여 명이 잠수복이 없는 채 조업을 하고 있다. 잠수복을 착용한 경우 보온 등 제반 여건이 재래방법보다 약 배(倍)가량의 성과를 올릴 수 있다는 얘기다. 수확물도 불착용 해녀들에 비해 1백% 정도 많은 양. 여기 잠수복 없는 1백여 해녀들이 불만이 있다. 첫 발단은 지난 3월 8일 이들 잠수복 없는 해녀들이 道를 비롯한 관계 당국에 '잠수복 착용을 못 하게 해 달라'는 진정에서 비롯됐다. 그러나 당국은 조업방법 개선으로 수확량이 많은 게 무엇이 나쁜가 진단을 하면서도 과도기의 이런 현상을 그냥 내버릴 수가 없었다.(이하 생략)

1971년 한림읍 귀덕1리 해녀공동체가 고무 잠수복으로 발생하였던 갈등 사례이다. 해녀공동체는 한정된 공간에서 개인의 물질 기량을 발휘하여 자원을 채취한다. 그러나 고무 잠수복의 착용 여부를 문제 삼는 것은 물질 조건의 형평성의 문제로 여기고 있음을 알 수 있다. 그도 그럴 것이 한정된 공간에서 동일한 자원을 대상으로 작업하기 때문에 해녀복의 착용 여부는 물질 작업 조건이 다른 것으로 간주되어 충돌과 갈등의 원인이 되었다. 1980년 중후반에는 오리발을 착용하기 시작하였는데, 고수 잠수복과 마찬가지로 새로운 도구에 대한 소극적인 태도, 거부감, 갈등 속에서 수용되었다.

그러나 이러한 도구의 변화는 물질 시간을 충분히 확보하고 수확량 증가로 직결되어 경제적인 소득이 증가하였다. 한편 해녀들은 잠수병이라는 직업병에 시달리게 되었다. 높은 수압에 오랫동안 노출되면서 두통이나 속 불편함을 호소하는 사례가 발생하였다. 해녀들은 컨디션 조절을 위해 뇌선을 주로 복용하였으며, 최근에는 일반 종합 감기약 위주로 복용한다.

어촌계는 1985년부터 잠수회 단위로 잠수탈의장 시설을 갖추었다. 제주도를 찾는 관광객이 증가함에 따라 해녀들은 노천탈의장을 이용하는 데 불편함을 느끼고 위생적으로도 샤워 시설을 필요로 하였다. 1984년 12월에 해녀는 제주도지사와의 간담회에서 탈의 시설을 갖추어줄 것을 강력히 건의하였다(제주시수협 100년사(1915~2015), 제주시수산업협동조합, 2017: 289). 이러한 의견이 반영되어 어촌계마다 현대식 잠수탈의장 시설을 갖추게 되었다.

지역언론에서는 1990년부터 제주도 바다의 고수온 현상에 대하여 주시하였다. 고수온 현상으로 아열대 어종 증가, 어족자원의 고갈과 일부 어종의 북상 등을 지적하였다. 해녀공동체는 이러한 바다생태환경의 변화를 누구보다 빠르게 몸으로 감지하고 있으며, 해녀들은 최근 바다 수온이 꾸준히 상승함에 따라 고무 잠수복을 새롭게 제작하고 있다. 해녀들이 처음 착용하였던 고무 잠수복의 두께는 6mm였으나 현재는 거의 3~4mm로 얇은 고무 잠수복을 맞추어 입는다.[9]

---

9 서귀포시 성산읍 고성리 '소라잠수복' 운영 대표 이성인 씨와 성산읍 온평리 해녀 김명자 씨의 대화 내용 가운데 확인할 수 있다. 김씨는 약 10여 년 전부터 온도에 민감한 선배 해녀들이 기존보다 고무 잠수복을 얇게 착용하는 것에서 바다 수온의 변화를 짐작할 수 있다고 하였다(KBS제주 개국 72주년 다큐멘터리, "제주 기후위기 보고서 '민둥바당'", 2022.11.23. 방송).

4. 물질 지식 전수

해녀는 잠수회라는 생업공동체의 일원으로 공동체의 규칙과 질서에 따르며, 자연스럽게 공동체의 지식을 공유하고 전승한다. 더불어 개인의 경험과 기억을 더하여 온전하게 자신의 물질 지식으로 쌓아두어 실제 물질작업에서 적용하였다.

물질은 '칠성판을 등에 지고 바다에 드는 것'이라는 말이 있을 정도로 바다에서의 작업은 늘 예기치 못한 사고의 위험이 있다. 특히 바다에서는 작은 욕심만으로도 삶과 죽음이 나뉠 수 있다. 해녀공동체는 이를 '물욕심'이라고 이르며, 해산물 채취에 대한 지나친 욕심을 스스로 경계할 것을 당부한다.

해녀는 항상 바다에서 '물욕심'을 경계하고 절제할 줄 알아야 물질을 지속할 수 있다. 특히 미역을 채취하는 대로 수익을 쌓을 수 있었던 때는 어린 해녀부터 고령의 해녀까지 모두 참여하였다. 미역의 채취 기간은 음력 3월부터 시작되어 바다는 여전히 차가운 기운이 남아 있다. 미역 채취가 더 고통스럽고 미역에 대한 욕심으로 목숨을 잃는 사고가 종종 발생하는 이유이다.

과거에는 누구나 '미역이 곧 돈'이라는 인식 때문에 미역을 한 가닥이라도 더 채취하려는 욕심이 있었다. 그래서 해녀공동체는 환금작물인 미역을 '저싱풀'이라고 하였다. 생업자원 가운데 상품의 가치가 높으나 매우 고통스럽고 힘든 노동이 수반되는 대상을 가리킨다. 당시 사람들은 '미역 도둑은 없다'고 할 만큼 힘든 작업이라고 인식하였다.

전복의 경우도 마찬가지다. 해녀는 '빗창'을 이용하여 한 번에 떼어내야 한다. 전복이 꽉 무는 힘에 의해 목숨이 위협당할 수 있기 때문이다. 해녀가 전복을 채취할 경우에는 빗창에 달린 끈을 손목에 감아서 고정한 뒤 사용하므로 위급한 상황에서는 손목의 끈을 풀기 어렵다. 해녀공동체는 자신의 숨의 길이를 인지하고 숨이 다하기 전에 올라와야 한다고 인식하였다. 욕심을 경계하지 않으면 언제나 위험이 도사리기 때문이다. 해녀가 전복을 떼는 빗 창 외에 챙기는 도구는 '거펑(본조갱이)'이다. 해녀가 전복을 발견하였으나 숨이 부족할 때에는 물 위로 올라와서 본조갱이를 가지고 다시 내려가 전복의 위치를 표시해 둔다. 그래야 전복을 떼기 위해 내려갈 때 위치를 알 수 있기 때문이다.

해녀는 물욕심의 경계에 대한 공동체의 지식을 공유하고 물질 과정에서 실제 감각적으로 익혀야 한다. 이뿐만 아니라 해녀공동체는 바다에서의 안전과 풍요를 기원하는 공동체 의례를 거행한다. 마을마다 의례의 주기는 다르지만, 현재까지 활발한 어촌계는 매해 잠수굿이나 영등굿을 치르고 있다.

생업공동체 의례는 어촌계에서 진행한다. 해녀는 의례를 앞두어 제물로 쓰일 해산물을 채취하고 음식 재료도 함께 마련한다. 의례는 당이나 어촌계 창고, 마을회관 등 공공의 장소에서 이루어진다. 해녀는 물질도구와 기술, 실적만을 중요하게 여기지 않는다. 이들은 바다에서의 풍요와 안전을 기원하고 지속적인 생업활동이 이루어지길 바란다.

잠수굿과 영등굿에서 씨점과 씨드림은 생업자원의 풍요를 기원하는 유감주술 행위이다. 의례는 어민들의 심리적인 위무뿐만 아니라 그들의 어로활동에 대하여 구체적으로 예견하여 알려준다.

씨점은 심방이 신자리에 좁쌀을 뿌려 좁쌀이 모이거나 흩어지는 정도를 살펴서 특정 해산물과 어장의 풍흉, 주요 바다밭을 점치는 제차이다. 이때 초석은 마을어장을 상징한다. 심방은 해녀공동체가 주로 채취하는 환금작물 위주로 일일이 호명하며 씨를 뿌려 한 해의 풍흉을 점친다.[10] 이때 해녀공동

---

10   한림읍 한수리의 경우 심방이 오메기술이 든 단지를 상 아래 두었다가 의례가 끝나면 오메기술 위에

체도 적극적으로 개입하여 그들이 풍흉을 기원하는 해산물의 풍흉을 점치도록 요청한다. 이 과정이 끝나면 좁쌀, 팥, 쌀 등을 섞은 잡곡을 바다에 뿌리며 어장의 풍요를 기원하였다.

Ⅳ. 맺음말

2023년 11월 제주해녀어업은 세계중요농업유산으로 등재되었다. 그에 앞서 2015년에는 국가중요어업유산 제1호로 지정되었으며, 2016년에는 유네스코 인류무형문화유산으로 '제주해녀문화'를 등재하였다. 이때 유네스코는 제주 해녀의 자연에 순응하는 전통사회 물질 방식이 유지되는 것을 주목하였고, 물질과 관련한 전통지식과 조직 문화의 가치를 높이 평가하였다.

제주도 해녀는 근본적으로 경제적 수익 창출을 목적으로 어로 활동을 벌이는 생업주체이다. 해녀는 특별한 인공장치 없이 맨몸으로 자맥질하여 해산물을 채취하는 전통물질방식을 오늘날까지 이어오고 있다. 특히 물질은 복잡한 바다생태환경의 이해를 토대로 이루어지는 생업활동이라는 점에서 더욱 주목되었다.

해녀가 생업목적을 달성하기 위하여 생업환경을 이해하는 과정과 실제로 물질 활동이 이루어지는 방식은 생업민속 관점에서 매우 중요하다. 해녀는 크게 물질공간, 물질시간, 생업자원을 중심으로 바다밭 지식을 형성하였다.

해녀는 물질환경과 생업주체의 여건 변화에도 민속지식을 새롭게 재구성하여 물질을 이어갔다. 성게의 경우 생업환경이 열악한 곳에 분포하는 자원

뜬 것을 보며 어장의 풍흉을 판단한다.

을 해조류가 있는 곳으로 옮겨 생장을 돕고 이듬해 다시 채취하는 이중의 노동방식을 취했다. 이는 자원의 채취 방식을 전환함으로써 물질을 지속적으로 전승하려는 의도를 담고 있다. 이와 같이 물질의 전승 양상을 통해 생업민속이 지속되거나 소멸되는 과정을 파악할 수 있었다.

이 글에서는 해녀의 물질 활동이 이루어지는 과정에 초점을 두어 생업민속의 본질적인 문제에 대하여 살펴보고자 하였다. 해녀의 물질 작업이 이루어지는 현장은 곧 살아 있는 민속현장이다. 생업이 지속되는 바탕에는 민속지식이 작용하고 있었으며, 생업이 지속적으로 이루어진다는 것은 다시 생업민속지식을 더욱 풍부하고 정교하게 다듬는 기회가 되었다. 생업민속지식과 생업활동은 상호보완 관계로 선순환되는 셈이다.

참고문헌

고광민, 『제주생활사』, 한그루, 2016.

고광민, "일제강점기 전후 마을 조직 체계와 어장 소유권의 변화: 제주도 도두리 사례를 중심으로", 『무형유산』 12, 국립무형유산원, 2022.

김영돈, 『한국의 해녀』, 민속원, 1999. 제주시수산업협동조합, 『제주시수산업협동조합 100년사(1916~2015)』, 제주시수산협동조합, 2017.

배영동, "분류적 인지의 민속지식 연구의 가능성과 의의", 『민속지식의 인문학』, 민속원, 2020, 19쪽.

왕한석, "한국의 물때 체계: 그것의 구분법과 지역적 변이 그리고 실학자들의 이른 기술을 중심으로", 『한국문화인류학』 51-3, 한국문화인류학회, 2018.

조숙정, "바다 생태환경의 민속구분법: 서해 어민의 민속지식에 관한 인지인류학적 연구", 서울대학교 대학원 박사학위논문, 2014.

주강현, "언어생태전략과 민속지식의 문화다양성", 『역사민속학』 32, 한국역사민속학
　　회, 2010, 9쪽.

제주시수산업협동조합, 『제주시수산업협동조합 100년사(1916~2015)』, 제
　　주시수산업협동조합, 2017.

제주환경일보, 2016년 10월 12일 자.

제주신문, 1971년 4월 28일 자.

제주신문, 1972년 3월 21일 자.

KBS제주 개국 72주년 다큐멘터리, 「제주 기후위기 보고서 '민둥바당'」
　　(2022.11.23.)

홍현기

제주의 이매패류
(Marine Bivalve Molluscs of Jeju Island)

- 홍현기 　(전) 제주대학교 해양생명과학과 학술연구교수
　　　　(현) 경상국립대학교 해양생명과학과 조교수

I. 머리말

제주도 주변에는 따뜻한 해류와 차가운 해류가 혼합되어 있어 해양생물 다양성이 매우 높다. 제주에는 현재까지 1,000종이 넘는 연체동물(mollusca) 이 서식하는 것으로 알려져 있다. 이 동물군들은 일본 중부에서 황해에서 발견되는 온대성 종들뿐만 아니라 인도-태평양 지역에서 발견되는 열대 및 아열대 종들이 혼합되어 있다(Noseworthy et al., 2007). 제주에 서식하는 연체동물의 가장 많은 동물군은 복족류(gastropods)와 이매패류(bivalves)이다.

이매패류는 연체동물문(Phylum: Mollusca), 이매패강(Class: Bivalvia)에 속하는 조개류로서 좌우대칭의 2장의 패각(shell)을 가지고 있다. 주로 조간대 하부에 서식하거나 담치류 등 일부 종들은 조간대 중부 암반에 족사를 이용해 부착해 서식하기도 한다. 이매패류는 부유물 섭식(suspension feeding)과 퇴적물 섭식(deposit feeding)을 통해 해수와 퇴적물 내 미세조류나 부유물질을 아가미를 통해 걸러 먹는 여과 섭식자(filter feeder)이다. 식용 이매패류 중 대표적인 굴, 바지락, 홍합 등은 서해안과 남해안을 중심으로 대규모 양식이 이루어지고 있으나 제주도의 경우 이들 종에 대해 따로 양식하지 않는다.

Lutaenki et al.(2019, 2021)의 연구에 의하면 현재까지 제주에는 58과(Family)와 248종에 속하는 다양한 이매패류들이 확인되고 있다. 이 글에서는 제주에 분포하는 이매패류 중 담치류(mussels)와 굴류(oysters)에 대하여 소개하고자 한다.

II. 제주의 담치류(mussels)

홍합과(Family Mytilidae)에 속하는 담치류는 전 세계적으로 110여 종이 분포하고 있다. 담치류 중 일부는 수산업적으로 매우 중요하며 세계적으로 굴과 함께 가장 중요한 양식종 중의 하나이다. 세계식량기구(Food and Agricultural Organization, FAO)의 수산양식 통계에 의하면 2021년 세계 담치류 양식 생산량은 약 200만 톤이며, 이는 이매패류 중 굴과 백합류 다음으로 가장 많은 양이다. 우리나라의 경우 여수 가막만 등지에서 지중해담치(*Mytilus galloprovincialis*)가 양식되고 있으며, 2021년 지중해담치 양식 생산량은 약 6만 톤이다. 지중해담치는 제2차 세계대전 이후에 국내로 유입된 종으로 추정되나 우리나라 남해안 환경에 잘 적응하여 널리 양식되고 있다. 홍합(*M. coruscus*)은 우리나라 남해안, 추자도, 동해안 및 울릉도 등지에 널리 분포하며, 일본

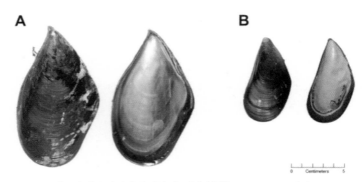

[그림 1] 우리나라에 서식하는 (A) 홍합(*Mytilus coruscus*)과
(B) 지중해담치(*M. galloprovincialis*)

북부, 중국 저장성, 산동성 등지에서 널리 분포한다. 지중해담치가 우리나라 연안에 유입되기 이전까지 국내에서 생산된 담치류는 모두 *M. coruscus*로 추정된다. 그러나 지중해담치가 우리나라에 유입된 이후로 홍합은 일부 지역에서만 발견되고 있으며, 굴이나 바지락과 같은 다른 유용 수산패류와 달리 기초연구나 양식개발이 거의 이루어지지 않고 있다.

제주의 경우, 홍합(*M. coruscus*), 지중해담치(*M. galloprovincialis*), 굵은줄격판담치(*Mytiliseptifer virgatus*), 격판담치(*M. keenae*), 주름담치(*Hormomya mutabilis*) 등의 담치류가 서식하고 있다(그림 2).

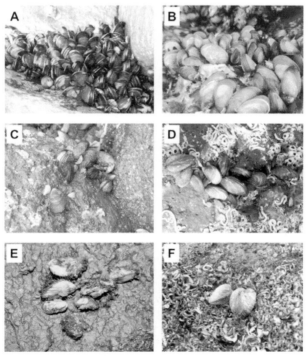

[그림 2] 제주연안에 서식하는 담치류. A, B. 굵은줄격판담치(*Mytiliseptifer virgatus*),
C, D. 격판담치(*M. keenae*), E, F. 주름담치(*Hormomya mutabilis*)

담치류 중 홍합은 추자도의 조하대 수심 3-10m 지역에 대량으로 분포하는 추자도의 지역 특산물이다. 홍합은 우리나라 남해안, 추자도, 동해안 및 울릉도 등지에 널리 분포하며, 일본 북부, 중국 저장성, 산동성 등지에서 널리 분포한다. 홍합은 식물플랑크톤을 여과하는 여과섭식형 패류로 족사를 이용하여 암반에 부착, 군집을 형성하여 분포한다. 홍합은 자웅이체이며 해수 중으로 방란, 방정을 통하여 번식한다. 남해안에 서식하는 홍합의 주 산란기는 수온이 11-13°C 사이인 2-4월로 동계산란형이다(위 등, 2003). 체외에서 수정된 배우체는 약 46시간 이내에 D상 유생(D-larvae)으로 성장하여 먹이섭이를 시작한다(허와 허, 2000). D상 유생은 피면자(veliger)와 각정기 유생(pediveliger larvae)을 거치면서 족(足, foot)이 발달하게 되고, 수정 후 27일 후에는 크기가 약 233.6μm의 부착기 유생으로 성장한다(허와 허, 2000). 홍합의 성장률에 대한 연구 보고는 없으나, 암반에 착저된 홍합은 보통 2-3년 정도 성장하면 패각의 길이가 8-12cm에 이르는 상품 크기로 성장한다. 홍합은 미성숙기에는 암수의 구분이 육안으로 불가능하지만, 성숙한 시기에는 외투막 전체에 생식세포들이 발달하여 암컷은 황적색으로 수컷은 담황색으로 구분할 수 있다(그림 3).

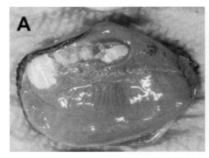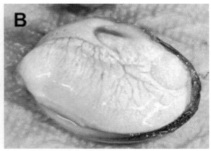

[그림 3] 추자 홍합 암컷(A)과 수컷(B)의 육질부

추자도는 제주 북부와 남해안 중간에 위치하고 있으며 해양물리학적으로 용승현상(upwelling)이 일어나는 지역으로 연중 수온이 보다 북쪽인 남해안보다 낮다. 이러한 낮은 수온과 용승현상은 추자 연안의 해양생태계에 있어 다른 지역에 비하여 상대적으로 높은 기초생산력을 제공하며 식물플랑크톤을 먹이로 삼는 다양한 패류의 분포가 가능케 한다. 추자 홍합은 최대 15cm까지 자라, 남해안에서 양식되는 지중해담치의 최대 크기인 7-8cm보다 2배 이상 크고, 뉴질랜드나 동남아에서 수입한 홍합에 비해서도 육질이나 영양학적 성분들이 상대적으로 우수하여 고부가가치의 식품으로서의 가능성을 가지고 있다.

2012년 제주대학교 씨그랜트센터는 추자해역 양식 대상품종 개발 및 산업화 방안 연구의 일환으로, 추자 홍합의 일반성분, 아미노산, 지방산 및 무기질 함량을 분석하여 남해안에서 양식되어 판매되는 지중해담치와 동해안 고성에 서식하는 동해담치와 비교 분석한 바 있다(표 1~4). 그 결과, 추자 홍합은 아미노산과 지방산에서 지중해담치보다 상대적으로 우수하였으며, 특히 혈중 중성지질 개선 및 혈행 개선에 도움을 주는 다가불포화지방산인 에이코사펜타엔산(eicosapentaenoic acid, EPA)과 도코사헥사엔산(docosahexaenoic acid, DHA)의 오메가3 지방산이 우수한 것으로 평가되었다. 따라서, 추자 지역의 새로운 소득원 창출을 위하여 추자 홍합의 종자생산 기술 개발 및 홍합양식을 추진할 필요가 있다.

[표 1] 추자홍합 조직 내 일반조성분 비율(제주씨그랜트센터, 2012)

항목	지중해담치	추자도 홍합	동해담치
단백질 (%)	50.1	51.0	66.2
탄수화물 (%)	38.9	34.5	17.4
지질 (%)	3.0	5.0	8.7
회분 (%)	8.0	9.6	7.7

[표 2] 추자홍합 조직 내 구성 아미노산 함량(건조직 100g당 mg, 제주씨그랜트센터, 2012)

		지중해담치	추자도 홍합	동해담치
비필수아미노산 (mg/100g)	Aspartic acid	632	838	829
	Glutamic acid	841	1,167	1,061
	Serine	267	378	384
	Glycine	514	593	608
	Arginine	417	682	782
	Cystine	25	33	33
	Alanine	368	424	437
	Prolin	250	350	355
	Tyrosine	117	169	172
필수아미노산 (mg/100g)	Threonine	246	260	280
	Valine	225	291	306
	Methionine	98	162	148
	Isoleucine	208	295	308
	Leucine	361	542	555
	Phenylalanine	210	248	272
	Lysine	432	590	686
	Histidine	194	246	251
총 아미노산 함량 (mg/100g)		5,405	7,268	7,467
필수아미노산 함량 비율 (%)		36.5	36.2	37.6

[표 3] 추자홍합 조직 내 지방산 함량(건조직 100g당 g, 제주씨그랜트센터, 2012)

		지중해담치	추자도 홍합	동해담치
Myristic acid	14:0	25.2	15.0	21.2
Palmitic acid	16:0	122.6	84.2	132.7
Stearic acid	18:0	24.9	15.7	21.2
Palmitoleic acid	16:1	67.6	31.5	58.9
Oleic acid	18:1	12.5	12.7	16.6
Eicosenoic acid	20:1	10.1	8.5	14.6
Erucic acid	22:1	8.2	7.9	2.5
Linoleic acid	18:2	10.7	8.6	10.3
Linolenic acid	18:3	5.9	6.2	9.4
Arachidonic acid	20:4	15.9	6.2	9.1
EPA	20:5	71.7	53.6	126.7
DHA	22:6	50.5	42.0	59.5
포화지방산 비율 (%)		40.6	39.4	36.3
단일불포화지방산 비율 (%)		23.1	20.7	19.2
다가불포화지방산 비율 (%)		36.3	39.9	44.5

[표 4] 추자홍합 조직 내 무기질 함량(건조직 100g당 mg, 제주씨그랜트센터, 2012)

항목		지중해담치	추자도 홍합	동해담치
칼슘	Ca	31	22	14
인	P	601	567	854
철	Fe	18	6	4
마그네슘	Mg	336	457	283
망간	Mn	1.2	2.8	3.5
아연	Zn	4.2	3.5	3.0
구리	Cu	0.4	0.8	0.4
셀레늄	Se	0.3	0.4	0.2

III. 제주의 굴류(oysters)

굴은 전 세계 연안의 조간대 및 조하대에 분포하는 저서동물로 해양생태계에 있어 1차 소비자로서 중요한 역할을 한다. 굴은 수산 양식종으로서 높은 경제적 가치와 더불어 고착생물로서 해양환경 변화를 모니터링함에 있어 지표종으로도 널리 활용되고 있다. 현재까지 세계적으로 학계에 보고된 굴은 200여 종이 되지만 상업적으로 활용되고 있는 굴은 굴과(Family Ostreidae)에 속하는 *Crassostrea gigas*, *C. virginica*, *C. rhizophorae*, *Ostrea edulis*, *Saccostrea cucullata*, *S. echina*를 포함한 10종 미만인 것으로 알려져 있다.

민(2004)에 의하면 우리나라 연안에는 Ostreidae과에 속하는 10종과 Gryphaeidae과에 속하는 4종을 합친 총 14종의 굴이 분포하고 있으며(표 5), 이 중 참굴(*C. gigas*)은 우리나라 수산양식의 대표 어종이며, 세계적으로도 양식종으로 가장 많이 활용되고 있는 종이다. 이 외에도 남해안에 분포하고 있는 바윗굴(*C. nippona*), 강굴(*C. ariakensis*), 벗굴(*O. denselamellosa*)도 양식어종으로 그 가치를 인정받아 이들 종의 생태와 양식기술 개발에 관한 연구가 이루어진 바 있다.

민(2004)과 Noseworth et al.(2007)은 제주 연안에 분포하고 있는 패류에 관한 보고를 통하여 제주 연안에 총 8종의 굴, 즉 중국굴(*Hyotissa hyotis*), 겹지붕굴(*H. inermis*), 주홍굴(*H. chemnitzii*), 악어굴(*Dendostrea folia*), 톱니턱굴(*D. crenulifera*), 주름가시굴(*C. nigromarginata*), 가시굴(*S. kegaki*), 태생굴(*O. circumpicta*)이 분포한다고 보고하였다. 제주도 연안의 연중 수온은 14-25℃ 범위이며, 특히 겨울철 최저 수온이 14-16℃ 범위로 우리나라 서해안(4-7℃), 남해안(7-11℃), 동해안

(4-6℃)에 비해 월등히 높다. 현재 제주도에 서식하는 굴류는 대부분 그 지리적 분포가 동남아시아, 중국 남부와 같은 아열대 및 열대지역이다. 이들 아열대성 굴이 제주에 언제부터 서식하였는지는 정확히 알 수 없으나, 지구온난화와 관련된 해수면의 수온 상승이 이들 종의 제주도 출현과 관련이 있는 것으로 생각된다. 특히, 2000년 이후 보고에서는 다수의 아열대 기원 종이 제주 연안, 특히 남부 서귀포 연안에 분포하고 있는 것으로 확인되었다.

[표 5] 우리나라에 분포하는 굴류

Family	Species	Common name	국명	분포
Ostreidae	*Crassostrea gigas* Thunberg, 1793	Pacific oyster	참굴	서해안, 남해안, 동해안
	C. nippona Seki, 1934	Iwagaki oyster	바윗굴	남해안, 동해안
	C. ariakensis Fujita, 1913	Suminoe oyster	강굴	남해안
	C. pestigris Hanley, 1846			남해안
	C. nigromarginata Sowerby, 1871		주름가시굴	제주도
	Ostrea denselamellosa Lischke, 1869	Flat oyster	벗굴	서해안, 남해안
	Ostrea circumpicta Pilsbry, 1904		태생굴	제주도
	Dendostrea folia Linnaeus, 1758		악어굴	제주도
	Dendostrea crenulifera Sowerby, 1971		톱니턱굴	제주도
	Saccostrea kegaki Torigoe & Inaba, 1981		가시굴	제주도
Gryphaeidae	*Hyotissa hyotis* Linnaeus, 1758		중국굴	제주도
	H. inermis G. B. Sowerby II, 1871		겹지붕굴	제주도
	H. chemnitzii Hanley, 1846		주홍굴	제주도
	Neopycnodonte cochlear Poli, 1795			제주도

제주대학교 최광식 교수 연구팀은 2010년부터 2013년 동안 한국연구재

단 기초연구사업으로 제주 연안 아열대 굴의 기초생태학적 연구를 진행한 바 있다. 제주에 분포하는 아열대 굴 중, 가시굴(*S. kegaki*), 태생굴(*O. circumpicta*), 중국굴(*H. hyotis*)을 대상으로 유전자 정보를 확보하고 이들의 생식주기 파악과 유생발달 연구를 통해 번식학적 전략을 파악하였다.

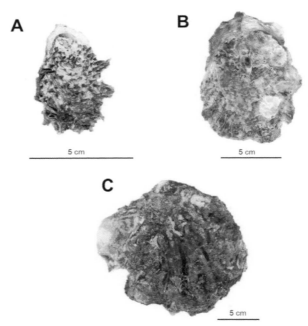

[그림 4] 제주 연안에 분포하는 (A) 가시굴(*Saccostrea kegaki*),
(B) 태생굴(*Ostrea circumpicta*), (C) 중국굴(*Hyotissa hyotis*)

가시굴은 연안의 암반 조간대에 서식하는 소형 굴류로 우리나라 제주도를 비롯하여 아열대 지역의 인도-서태평양, 중국 남부와 일본 혼슈 지역에 분포하는 아열대 종이다(그림 5). 가시굴의 크기는 2-6cm로 작으며 패각 표면에 검은색의 긴 관 모양의 돌기들이 밀집하여 발달해 있어 가시를 이룬 것처럼 보이는 것이 특징이다. 가시굴은 제주도 조간대 암반에 부착하여 군집을 이루어 서식한다. Hong et al.(2020a)은 제주 연안에 서식하는 가시굴의 연중 생식주기를 조직학적 관찰을 하여, 6월부터 8월까지 성 성숙을 한 후 수온이 22℃ 이상이 되는 8월경에 주산란을 하는 것으로 보고하였다.

[그림 5] 제주 암반 조간대에 분포하고 있는 가시굴

태생굴은 제주도에서 대만, 홍콩, 일본 남부, 중국 남부에 이르는 열대/아열대 북서태평양 지역에 널리 분포한다(Lim et al., 2019). 제주에는 얕은 조하대 암반저질에 연산호, 해면동물, 해조류 등과 같이 군집을 이루어 분포하고 있어 생태계에서 중요한 역할을 한다(Kang et al., 2004). Ostrea속에 속하는 태생굴은 체외수정을 하는 일반적인 굴과는 달리 체내에서 수정란을 유생으로 발달시켜 방출시키는 brooding oyster이다. Kang et al.(2004)은 제주 조하대에 서식하는 태생굴이 아가미에서 수정을 시킨 후 아가미방(branchial chamber)

에서 담륜자유생(trochopore)과 피면자유생(veliger)까지 발달시킨 후 체외로 방출하는 것을 관찰하였다(그림 6).

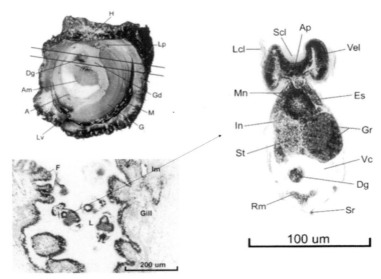

[그림 6] 제주에서 채집된 태생굴의 체내 유생발달(Kang et al., 2004)

중국굴은 Gryphaeid과에 속하는 종으로 패각의 길이가 최대 30cm까지 이르는 대형 굴이다. 중국굴은 인도-태평양 연안의 아열대 지역과 열대 산호초 지역의 수심 50m 사이에서 서식하는 것으로 보고되고 있다(Hong et al., 2020b). 제주에는 언제부터 이 종이 유입되었는지 정확히 알 수는 없으나 서귀포 수심 5-15m 사이의 암반에 상당수가 분포하고 있다. 최근에는 수온이 상승하면서 제주도 북부 연안 인공어초에서도 중국굴이 대량으로 서식하는 것이 확인되었다. 지구온난화와 관련된 해수면의 수온 상승이 이들 종의 제주도 출현 및 확산과 관련이 있는 것으로 판단되며, 수온 상승이 지속될 경우 그 분포가 남해안으로 확산될 것으로 예측된다.

Hong et al.(2020)은 제주 조하대에서 채집된 중국굴의 연중 생식소발달 조사 결과, 암컷과 수컷 모두 수온이 16-18.2℃인 5월과 6월에 배우자 형성을 시작하여, 수온이 21-22℃인 9월부터 11월 사이에 산란하는 것을 확인하였다. 성 성숙된 중국굴의 암수는 생식소 색으로 뚜렷이 구분된다. 암컷의 생식소는 주황색, 수컷의 생식소는 유백색을 띤다(그림 7).

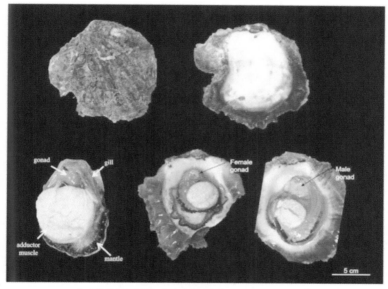

[그림 7] 중국굴의 패각과 육질부(Hong et al., 2020b)

중국굴은 크기 및 육질부가 기존 양식 굴인 참굴보다 크며, 키조개와 가리비와 같이 전체 조직 중 흔히 관자살이라고 부르는 패각근(adductor muscle)이 차지하는 비율이 40% 이상을 차지하여 산업적 측면에서 양식종으로 그 가치가 높게 평가된다(그림 7). Hong et al.(2020b)은 제주에 서식하는 중국굴 패각근의 일반조성분, 아미노산, 지방산을 분석한 바 있다. 중국굴 패각근

은 연중 높은 수준의 단백질(54.7-69.4%), 탄수화물(16.0-25.3%), 지질(4.5-9.9%)
을 함유하고 있어 패각근에 단백질이 풍부하였다(표 6). 패각근의 아미노산
과 지방산은 식용으로 널리 이용되는 가리비와 키조개의 패각근과 비슷하거
나 우수한 것으로 확인되었다(표 7-9). 특히, 전체 유리아미노산 중 타우린이
26.5-28.5%로 높은 함량을 보였다(표 8). 그리고 Palmitic acid, DHA, EPA
와 같은 필수지방산도 전체 지방산 중 35.9-37%로 높은 수준이었다(표 9).
이러한 영양학적 분석 결과는 가리비와 키조개와 같이 중국굴 패각근이 새
로운 식품으로 적합함을 의미한다. 따라서 수온 상승으로 인하여 자원량이
증가하고 있는 중국굴은 새로운 양식종으로 가치가 높으며, 이는 제주 연안
에 있어 기후변화의 대처방안으로 활용할 수 있을 것이다.

[표 6] 중국굴 폐각근 내 일반조성분 비율(Hong et al., 2020b)

Component	Pre-spawning	Spawning	Post-spawning
Protein	$69.4^a \pm 0.4$	$54.7^b \pm 0.1$	$68.1^a \pm 0.8$
Carbohydrate	$16.0^b \pm 0.2$	$25.3^a \pm 1.8$	$18.6^b \pm 0.9$
Lipid	$5.5^b \pm 0.1$	$9.9^a \pm 1.8$	$4.5^b \pm 0.2$
Ash	$9.4^a \pm 0.1$	$10.1^a \pm 1.1$	$8.9^a \pm 0.2$

[표 7] 중국굴 폐각근 내 구성 아미노산 함량(Hong et al., 2020b)

Amino acids	Pre-spawning	Spawning	Post-spawning
Aspartic acid	1450.38	1384.53	1101.38
Threonine*	486.72	442.67	349.50
Serine	483.36	449.27	318.91
Glutamic acid	2374.11	2211.25	1743.39
Proline	656.91	489.75	416.48
Glycine	345.51	564.35	513.57
Alanine	797.06	809.47	608.12
Arginine	1290.18	1198.46	1045.24

Amino acids	Pre-spawning	Spawning	Post-spawning
Cystine	57.62	46.45	40.37
Valine*	506.59	468.69	388.91
Methionine*	288.94	261.52	204.02
Isoleucine*	556.95	511.10	400.36
Leucine*	1107.21	1045.75	842.99
Tyrosine	433.67	384.31	274.65
Phenylalanine*	414.60	387.76	280.27
Histidine*	331.42	284.80	242.53
Lysine*	1052.73	976.22	703.18
TAAs	12933.97	11916.35	9473.88
EAAs	4745.18	4378.51	3411.76
EAA/TAA (%)	36.69	36.74	36.01

[표 8] 중국굴 폐각근 내 유리아미노산 함량(Hong et al., 2020b)

Amino acids	Pre-spawning	Spawning	Post-spawning
Taurine	434.67	363.23	360.13
Aspartic acid	24.30	17.94	17.93
Threonine	6.07	3.92	3.65
Serine	4.94	0.94	1.94
Glutamic acid	67.24	52.94	54.20
Proline	138.15	156.18	179.86
Hydroxyproline	285.55	253.09	249.24
Glycine	90.46	95.46	111.71
Alanine	99.34	57.12	61.70
β-Alanine	151.99	138.73	131.15
Cystine	60.25	47.64	41.74
Valine	7.34	7.51	3.95
Methionine	N.D.	6.46	13.26
Isoleucine	10.83	N.D.	5.08
Leucine	9.55	4.67	7.50
Phenylalanine	10.29	12.74	6.50
Histidine	15.54	4.43	10.63
Lysine	15.95	9.13	11.61

Amino acids	Pre-spawning	Spawning	Post-spawning
Hydroxylysine	10.43	11.12	8.36
Arginine	57.47	31.92	39.70
Ornithine	10.56	7.88	5.01
Ethanolamine	4.89	10.25	8.67
Total FAAs	1,515.79	1,293.28	1,333.53

[표 9] 중국굴 폐각근 내 지방산 함량(Hong et al., 2020b)

Fatty acids	Pre-spawning	Spawning	Post-spawning
Saturated fatty acids (SFAs)			
Capylic acid (C8:0)	0.01	0.01	0.01
Capric acid (C10:0)	0.00	0.00	0.01
Lauric acid (C12:0)	0.02	0.02	0.01
Tridecanoic acid (C13:0)	0.00	0.01	0.01
Myristic acid (C14:0)	2.37	2.35	2.29
Pentadecanoic acid (C15:0)	1.10	1.12	1.25
Palmitic acid (C16:0)	29.82	31.01	32.18
Magaric acid (C17:0)	2.50	2.69	2.75
Stearic acid (C18:0)	7.34	7.77	7.73
Arachidic acid (C20:0)	0.06	0.07	0.00
Heneicosanoic acid (C21:0)	0.00	0.02	0.01
Behenic acid (C22:0)	0.01	0.02	0.01
Tricosanoic acid (C23:0)	0.01	0.15	0.01
Monounsaturated fatty acids (MUFAs)			
Myristoleic acid (C14:1)	0.08	0.01	0.06
cis-10-Pectadecenoic acid (C15:1)	0.10	0.22	0.10
Palmitoleic acid (C16:1)	3.07	3.51	2.99
Magaroleic acid (C17:1)	0.19	0.11	0.19
Oleic, Elaidic acid (C18:1n9c,1n9t)	5.56	5.73	5.78
Eicosenoic acid (C20:1)	0.46	0.34	0.72
Erucic acid (C22:1)	3.78	0.35	0.35
Nervonic acid (C24:1n15c)	0.01	0.01	0.01

Fatty acids	Pre-spawning	Spawning	Post-spawning
Polyunsaturated fatty acids (PUFAs)			
Lenoleic acid (C18:2n9c)	2.16	2.43	2.31
Linoleadic acid (C18:2n9t)	0.01	0.01	0.02
Eicosadienoic acid (C20:2)	0.13	0.33	0.34
cis-13,16-Docosadienoic acid (C22:2)	0.62	0.01	0.56
γ-Linolenic acid (C18:3n6,9,12c)	0.27	0.27	0.16
Linolenic acid (C18:3n9,12,15c)	1.87	1.96	1.71
cis-11,14,17-Eicosatrienoic acid C20:3	0.11	0.17	0.01
Arachidonic acid (C20:4)	2.46	2.33	2.39
Eicosapentaenoic acid (EPA) (C20:5)	10.28	10.31	8.57
Docosahexaenoic acid (DHA) (C22:6n3)	25.63	26.68	27.46
SFAs	43.23	45.24	46.26
MUFAs	13.23	10.27	10.20
PUFAs	43.54	44.50	43.54
EPA + DHA	35.91	36.99	36.03

2011년에는 열대지역에 서식하는 흑진주조개(*Pinctada margaritifera*)가 제주도 서귀포 범섬 암반 조하대에 서식하고 있는 것이 최초로 확인되기도 하였다(Oh et al., 2017). 흑진주조개는 인도-태평양 산호초 지역에 널리 서식하며 그중 남태평양 폴리네시아 산호초 지역에 많이 서식한다. 제주에서 발견된 흑진주조개의 유전자 분석결과 남서 태평양 마이크로네시아에 서식하는 흑진주조개와 동일 종으로 확인되었다(Oh et al., 2017). 흑진주조개는 진주조개과에 속하는 굴들의 종들과 마찬가지로 체내에서 진주를 생산할 수 있는 능력이 있다. 폴리네시아에서는 흑진주조개 양식을 근간으로 한 흑진주 생산을 통한 폴리네시아의 주된 경제적 역할을 하고 있다. Oh et al.(2017)에 의하면 흑진주조개의 패각 내 산소동위원소 분석을 통해 약 4년생으로 확인이 되어 2007년경에 정착한 것으로 추정되었다. 이는 수온 상승이 흑진주조개의 제

주도 출현과 관련이 있는 것으로 판단되며, 수온 상승이 지속될 경우 그 분
포가 확장될 것으로 예측된다. 기후변화로 인해 제주 해역에 열대 및 아열대
성 패류 종들의 유입이 증가하고 생태계 정착 및 확산이 빨라지고 있다. 따
라서 기후변화에 의해 새롭게 제주 연안에 유입되는 패류자원의 효율적인
이용과 관리에 대한 국가 또는 도 차원의 대응전략을 마련해야 할 것이다.

참고문헌

민덕기, 2004, 『한국패류도감』, 도서출판한글.

위종환, 장연진, 이승주, 허영백, 이정식, 2003, "홍합, *Mytilus coruscus*의 성 성숙과 생식
　　　주기", 『한국양식학회지』 16(4) : 245-251.

제주씨그랜트센터, 2012, "추자해역 양식 대상품종 개발 및 산업화 방안 연구."

허영백, 허성범, 2000, "4종 조개류 유생의 발생과 성장", 『한국양식학회지』 13(2) :
　　　119-128.

Hong, H.K., Choi, K.S., 2020a. Temporal changes in hemocyte functions of the oyster
　　　Saccostrea kegaki (Torigoe & Inaba, 1981) on Jeju Island off the south coast
　　　of Korea are closely associated with annual gametogenesis. Marine Pollution
　　　Bulletin 152: 110780.

Hong, H.K., Jeung, H.D., Kang, H.S., Choi, K.S., 2020b. Seasonal variations in the
　　　hemocyte parameters, gonad development, energy storage and utilization of the
　　　giant honeycomb oyster *Hyotissa hyotis* (Linnaeus 1758) in Jeju Island off the
　　　south coast of Korea. Aquaculture Reports 17: 100299.

Hong, H.K., Koo, J.H., Ko, J.C., Jeung, H.D., Choi, K.S., 2022. Proximate composition,
　　　amino acids, and fatty acids in the adductor muscle of the giant honeycomb

oyster *Hyotissa hyotis* (Linnaeus, 1758) from Jeju Island, Korea. Journal of Shellfish Reserach 41: 101-107.

Kang, D.H., Kim, S.J., Choi, K.S., 2004. Microscopic observation of larval *Ostrea circumpicta* (Bivalve: Ostreidae) in brood chambers. Journal of Shellfish Reserch 23: 411-416.

Lim, N.R., Lee, H.M., Jeung, H.D., Noseworthy, R.G., Jung, S., Choi, K.S., 2019. Early larval development and annual gametogenesis of the brooding oyster *Ostrea circumpicta* (Pilsbry, 1904) in the shallow subtidal benthic ecosystem in Jeju Island, off the south coast of Korea. Zoological Studies 58: 29.

Lutaenki, K.A., Noseworthy, R.G., Choi, K.S., 2019. Marine bivalve milluscks of Jeju Island (Korea). Part 1. Korean Journal of Malacology 35(2): 149-238.

Lutaenki, K.A., Noseworthy, R.G., Choi, K.S., 2021. Marine bivalve molluscs of Jeju Island (Korea). Part 2. Korean Journal of Malacology 37(4): 197-291.

Noseworthy, R.G., Lim, N.R., Choi, K.S., 2007. A catalogue of the mollusks of Jeju Island, South Korea. Korean Journal of Malacology 23(1): 65-104.

Oh, C., Kim, J.K., Son, Y.B., Ju, S.J., Jeung, H.D., Yang, H.S., Choi, K.S., Le Moullac, G., Kang, D.H., 2017. Phylogenetic, histoloical and age determination for investifation of non-native tropical black-lip pearl oyster, *Pinctada margaritifera*, setteled in Jeju, Korea. Ocean Science Jouranl 52(4): 593-601.

김병훈 · 현지연

제주도를 대표하는
물고기들

- 김병훈 제주대학교 해양과학대학 미래전략 수산생명산업 교육연구단

- 현지연 한국해양과학기술원

Ⅰ. 머리말

통계청의 보고에 따르면, 우리나라는 최근 50년(1968~2017)간 해양의 표층수온이 약 2.2배 증가한 것으로 나타난다. 지속적인 수온 상승으로 1990년 이후에는 우리나라 연근해 해역에서 새롭에 발견되는 난류성 어종이 증가하고 있지만, 한류성 어종은 감소하고 있으며, 우리나라 동해의 대표 생선이었던 명태는 더 이상 우리나라에서 찾아보기가 어려워졌다.

제주도 역시 예외는 아니다. 여러 매체를 통해 제주도 바다에 대한 소식들을 접하다 보면 대부분이 기후변화 및 수온 증가에 따른 제주 바다의 열대화이다. 제주도 연안에서 발견되는 어종들의 대부분은 열대성 어류로 기존의 제주 바다를 지키던 어종들은 점차 감소하고 있다. 최근에는 국내에서 발견되지 않았던 새로운 열대 및 아열대 미기록종 생물들이 제주도에서 발견되기도 한다. 제주도 바다에서 새로운 물고기들의 발견이 반갑기는 하지만, 기존의 제주도를 상징하던 물고기들은 점점 만나보기 어려워진다는 사실이 안타까울 뿐이다.

요즘 제주도를 대표하는 어류를 선택하라고 하면 다양한 어종들을 떠올릴 수 있을 것이다. 활발한 양식산업을 통해 상업적으로는 제주도 대표 물고기가 된 광어를 들 수 있으며, 최고급 회로 인정받으며 '돔의 황제', '바다의 폭군'이라 불리는 돌돔 등 다양한 어종들이 제주도 대표 어류라고 불리고 있다. 하지만 제주도를 대표하는 향토 물고기를 이야기한다면 머릿속에 가장 먼저 떠오르는 물고기의 종류와 그 순서는 달라질 수 있을 것이다.

이번 내용에서는 오래전부터 제주도에서 자리를 지키면서 제주도인의 삶과 함께해 온 향토적인 물고기라는 주제로 다음의 물고기들을 소개하고자 한다. 물론 언급되는 제주도 향토 물고기의 기준과 순서는 본 필자의 개인적인 의견이니 오해의 소지가 없기를 바란다.

II. 제주도 자리돔

자리돔은 제주 향토 어류를 이야기할 때마다 빠지지 않고 대부분의 제주도 사람들이 인정하는 물고기이다. 한번 자신의 서식지를 결정하면 일생을 지정한 서식지에서 떠나지 않는다고 하여 자리돔이라는 이름이 붙여졌다는 이야기는 이미 흔하게 알려지며, 따뜻한 바닷물을 좋아하는 특성 덕분에 이전부터 제주도에 자리 잡은 자리돔은 제주도 사람들과 떨어질 수 없는 인연을 맺게 되었을 것이다.

자리돔은 제주도 어느 바다에서도 흔하게 잡히는 물고기로 제주도 사람들은 그냥 '자리'라고 부른다. 예전부터 제주도 사람들은 흔하게 구할 수 있는 자리돔을 이용하여 구이나 물회, 젓갈 등의 음식으로 쉽게 만들어 먹었다. 그러다 보니 타 지역으로 나가 있는 제주도 사람들이 자리돔 철이 되면 자리돔 음식을 그리워한다는 말이 있을 정도이며, 자리돔 음식을 제주도 사람들의 '소울푸드'라고 부를 만큼 자리돔은 제주도 사람들과 삶을 항상 같이하였다.

제주도에서 자리돔은 크기에 따라서 다르게 요리를 한다. 자리돔의 크기가 크지 않기 때문에 상대적으로 작은 자리돔은 뼈째로 썰어서 먹는 강회나 물회로 많이 먹었으며, 비교적 크기가 큰 자리돔은 통째로 구워서 먹거나 조림으로 먹었다.

[그림 1] 제주대학교 박물관에 전시되어 있는 제주도 자리 장수 사진(왼쪽)과
제주도에서 판매되고 있는 자리돔의 모습(오른쪽)

제주도 어느 지역에서도 잡히는 자리돔이지만 그중 자리돔으로 가장 유명한 곳이 보목리와 모슬포이다. 보목리의 경우 지역적 특성상 바람이 세지 않아 잔잔한 바다의 특징을 보이며, 이곳에서 자라난 자리돔은 상대적으로 크기가 작아 육질이 부드럽고 뼈가 연해 주로 물회로 많이 먹는다. 하지만 모슬포의 경우 바람이 세고 거친 바다의 특징을 보이는데, 이러한 곳에서 자란 자리돔은 거친 바다에 적응하기 위하여 상대적으로 큰 크기와 단단한 육질과 뼈를 가지기 때문에 물회보다는 구이로 많이 이용된다.

제주도 자리돔은 잡히는 크기나 시기에 따라 여러 가지 이름으로 불리기도 한다. 크기가 작은 어린 자리돔은 '쉬자리'라고 부르며, 크기가 작다 보니 뼈가 부드러워 뼈째로 한입에 먹거나 조림용으로 먹었다. '알밴자리'는 산란 전 배 속에 알이 가득 차 있는 자리돔을 부르는 말로, 이 시기 자리돔은 산란을 위해 영양분을 많이 축적해 둔 상태이기에 아주 맛있고 뼈도 부드러워 주로 물회로 먹는다. 산란 시기가 끝난 자리돔은 산란을 통해 배 속의 알이 모두 빠져나가 거죽만 남았다고 하여 '거죽자리'라고 부른다. 거죽자리는 산란을 위해 많은 에너지를 소비하고 가시가 세져 물회나 강회로 먹기 어렵고 주로 구워 먹었다.

과거 제주도 사람들은 한라산에서 자라는 구상나무를 이용하여 '테우'라고 부르는 원시적인 뗏목을 이용하여 자리돔을 비롯하여 멸치, 갈치 등을 어획하였다(그림 2). 자리돔을 잡기 위하여 테우를 타고 바다로 나가면, 그물이 걸려 있는 에움(그물을 걸어 끼우기 위하여 나무로 만든 둥근 테두리)을 바다 밑으로 드리운다. 이후 수경을 이용하여 자리돔이 에움 안으로 들어오는 것을 확인 후 자리돔 무리가 에움 안으로 들어오면 그물과 함께 들어 올려 한꺼번에 잡아들인다. 이렇게 자리돔을 떠서 잡는 것을 제주도 사람들은 '자리 뜬다'라고 불렀으며, 현재에도 들망(바다 밑에 그물을 깔고 물고기를 유인한 후 위로 들어 올려 잡는 그물)을 이용하여 자리돔을 들어 올리는 방식으로 잡고 있다.

[그림 2] 제주대학교 박물관에 전시되어 있는 테우의 사진(왼쪽)과 전시 모습(오른쪽)

[그림 3] 제주도 보목 자리돔축제 홍보 팸플릿

　매년 여름이 되면 제주도 서귀포시 보목포구 일대에서는 제주도 토속어류인 자리돔을 주제로 '보목 자리돔축제'가 열린다. 최근에는 코로나 19로 인하여 개최되지 못했으나, 올해 4년 만에 다시 개최되었다. 보목리는 제주도에서 자리돔이 어획되는 대표지역 중 하나로서 축제 기간에는 제주도 전통 뗏목인 테우 젓기 시연과 맨손으로 자리돔 잡기 등의 행사가 진행된다. 이 밖에도 자리돔 생태 박물관 탐방, 자리젓 담그기 등의 체험 행사를 통해 제주의 문화와 자리돔을 알리고 있다.

1. 자리돔의 형태

　자리돔(*Chromis notata*)은 농어목(Perciformes) 자리돔과(Pomacentridae) 자리돔속(Chromis)에 속하는 어류이며, 자리돔과에 속하는 어류로서 전 세계적으로는 약 28속 348종이 알려져 있다. 우리나라에서는 현재까지 약 7속 20종 정도의 자리돔과 어류가 확인되고 있으며, 최근 바다 수온이 증가하면서 주로 열대 해역에 서식하던 어류들이 제주도를 포함한 우리나라 해역에서 관찰되면서 기존에 확인되지 않던 미기록종의 자리돔과 어류들이 발견되고 있으며, Kwun et al.(2015)은 제주도 남부와 북부 해안에서 미기록종 자리돔과 *Abudefduf septemfasciatus*를 확인하였으며, '일곱줄자돔'이라고 이름을 지었다.

[그림 4] 자리돔(*Chromis notata*)의 외부 형태

자리돔과 어류는 대부분 몸은 난형의 좌우로 납작한 형태인 측편형의 외부 형태를 가지고 있으며, 일반적으로 입이 작고 몸의 크기가 크지 않은 소형종의 어류이다(김 등,

2005; 김 등, 2019)(그림 4). 자리돔은 우리가 '돔'이라고 부르는 물고기 중 가장 작은 돔이다. 물론 자리돔은 실제로 '돔'이 아니다. 돔은 참돔, 감성돔 등과 같은 도미과(Sparidae)에 속하는 어류로 예전부터 고급어종에는 '돔'이라는 이름을 붙였다고 하니, 자리돔이 얼마나 대접받는 물고기였는지를 짐작할 수 있다.

자리돔은 1개의 등지느러미를 가지고 있으며, 뒷지느러미는 일반적으로 2개의 가시를 가지고 있으나, 드물게 3개가 관찰되기도 한다. 측선은 불연속적으로 등지느러미 줄기부 아래에서 끊어진 후 꼬리자루 부분에서 다시 시작된다. 일부는 자리돔과의 경우 몸에 줄무늬 띠가 관찰되기도 하지만, 줄무늬가 없는 종들도 확인되며, 같은 종에 속하고 같은 지역에 서식하더라도 각 개체들 간의 체색이 차이를 나타내기도 한다. 자리돔 역시 크기가 크지 않고 가장 크다고 알려진 크기가 약 20cm 정도이다. 몸의 색깔은 황토색, 암갈색 등 변화가 심한 특징을 보인다. 가슴지느러미의 기저부에는 흑색 반점이 관찰되며, 미병부 등 쪽에서는 흰 반점이 관찰되는데, 이 반점은 물속에서는 관찰되지만 물 밖으로 나오면 금방 사라지는 특징을 보인다.

자리돔과 매우 비슷한 외부 형태를 보이는 물고기로 연무자리돔(*Chromis fumea*)이 존재한다. 연무자리돔은 제주도 연안에서 자리돔과 함께 관찰되며, 외부 형태뿐만 아니라 산란 시기 및 산란 습성 또한 자리돔과 매우 유사하여 1990년대까지 자리돔과 같은 종으로 취급되었다. 하지만 자리돔과 비교하여 등지느러미와 뒷지느러미가 어두운 특징을 보이며, 꼬리지느러미의 위아래 부분이 어두운 흑청색을 나타내는 차이를 보인다.

2. 자리돔의 서식 지역 및 생태학적 특징

자리돔과 어류는 아열대 및 열대성 어류로서 주로 인도양과 태평양 등 열대 해역에 서식한다(그림 5, 자료출처: http://fishbase.org). 자리돔 역시 아열대성 어

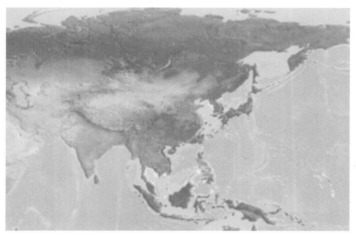

[그림 5] 자리돔의 주요 서식 분포도

류이지만, 다른 자리돔과와 비교하여 비교적 차가운 물에서도 서식할 수 있어 우리나라에서는 제주도를 비롯한 남해와 동해 독도 연안까지 자리돔이 서식하고 있으며, 전 세계적인 지구온난화로 인하여 수온이 증가함에 따라 자리돔의 서식지가 점차 북쪽으로 이동하고 있다. 우리나라 이외에도 자리돔은 일본 남부, 그리고 중국과 대만에 이르는 서태평양 인근 연안해역에 서식하고 있으며, 비교적 얕은 수심인 2~15m 지역의 산호초 및 암초지대에 무리를 지어 서식하며, 주로 동물성 플랑크톤을 먹이원으로 이용한다.

3. 자리돔의 생식주기와 산란행동

일반적으로 어류의 성성숙도 및 생식주기를 조사하는 데 있어 생식소중량지수(gonadosomatic index, GSI)를 이용한다. 생식소중량지수는 어체의 중량 대비 생식소 중량이 차지하는 비율을 뜻하며, 성성숙이 진행될수록 생식소의 무게가 무거워져 생식소중량지수가 증가하고, 산란 행동을 통해 알과 정자가 생식소에서 방출되면 생식소의 무게가 가벼워져 생식소중량지수가 감소한다.

자리돔은 수온이 20℃ 이상 증가하는 여름에 산란하는 하계산란어종이다. 생식소중량지수의 변화를 통하여 자리돔의 생식주기를 조사했던 연구 결과에 따르면(이와 이, 1987), 암컷과 수컷의 생식소중량지수가 5월부터 급격히 증가하기 시작하여 6월에 가장 높게 나타난다. 이후 7월부터 생식소중량지수가 감소하기 시작하지만 8월까지는 높은 수준을 보이고, 9월부터 급격한 생식소 중량지수의 감소를 보이며, 10월부터 이듬해 4월까지는 낮은 값을 유지한다. 이러한 결과를 바탕으로 자리돔은 4월부터 5월까지의 성장기, 5월부터 8월까지의 성숙기, 6월부터 8월까지 산란기, 9월부터 이듬해 3월

까지 휴지기로 구분할 수 있다. 이때 6월부터 8월까지는 성숙기와 산란기가
겹치는 것이 확인되는데, 이는 자리돔이 산란 시기 동안 한 번에 산란행동이
이루어지지 않고 여러 번에 걸쳐 산란이 이루어지기 때문이며, 이는 다회산
란종의 특징이다. 연구 결과에서는 자리돔이 산란기 동안 3회 이상 산란을
하는 것으로 추정하고 있으며, 현재는 약 5회에 걸쳐 산란하는 것으로 알려
진다.

성숙한 자리돔을 해부해 보면 암컷은 성숙한 알들이 난소에 가득 차 있어
서 노란색 또는 더 붉은빛을 띠는 주황색으로 관찰되는 반면, 수컷의 경우에
는 정소에 성숙한 정자를 가득 채우고 있어 하얀색으로 관찰된다(그림 6).

[그림 6] 자리돔의 해부 사진. 왼쪽은 암컷 자리돔의 사진으로 주황색의 난소가 관찰되며,
오른쪽 사진에서는 수컷 자리돔의 하얀색 정소가 관찰된다

자리돔은 독특한 산란 행동을 갖는다. 자리돔은 주로 자갈이나 암반이 많
이 형성된 지역에 산란하는 습성을 갖는데, 산란 시기가 되면 수컷의 자리돔
은 산란을 위한 산란장을 만들고, 마음에 드는 암컷에게 구애 행동을 한다.
그렇게 수컷 자리돔에게 이끌려 온 암컷 자리돔이 산란을 통해 알을 붙이게
되면, 수컷 자리돔이 알이 있는 곳으로 지나가면서 방정을 통해 정자와 알을
수정시킨다. 자리돔의 경우 한 번 산란 시 약 2~3만 개의 알을 낳게 되며, 수

정된 알들이 안전하게 부화할 수 있도록 수컷 자리돔이 자리를 뜨지 않고 보호한다. 이 시기의 자리돔은 매우 공격적으로 변하며, 주변의 다른 어류나 지나가던 스쿠버까지 공격하는 모습을 보인다.

4. 자리돔의 생산량 변화

제주도는 예전부터 '물 반 자리 반'이라고 부를 만큼 풍부한 자리돔 자원량을 가지고 있었다. 통계청의 자료에 따르면 자리돔 생산량은 1994년 655톤의 생산량을 기록하였으나, 이후 자리돔 생산량은 지속적으로 감소하여 1999년에는 7톤, 2001년과 2002년에는 각각 5톤과 6톤의 생산량만이 기록되어 있다(그림 7). 이후 자리돔 생산량은 통계청에서도 정확히 확인되지 않았으나, 일부 연구 보고에 따르면 1990년 이후 제주도 주변 해역으로 저층 냉수가 지속적으로 유입되면서 수온 하강 및 염분의 변화로 인한 해양 생태계 변이가 생겨 자리돔을 비롯한 수산물 어업 생산량에 큰 영향을 미친 것으로 추정하고 있다. 또한 자리돔이 원래 제주도만의 특산품으로 타 지역으로 소비되는 경우가 드물어 제주도에서 어획되는 자리돔은 제주도 내에서만 소

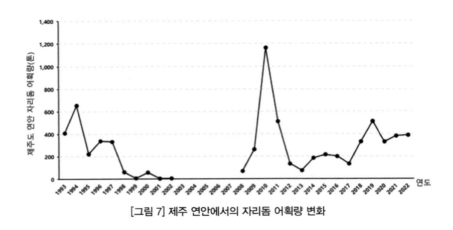

[그림 7] 제주 연안에서의 자리돔 어획량 변화

비되었으나, 점차 자리돔이 알려지기 시작하면서 제주도를 찾는 관광객들이 한 번은 반드시 먹고 가야 하는 음식처럼 자리 잡게 되었다. 그에 따라 2000년대에 들어 자리돔의 수요 증가와 어업 기술 향상, 자리돔 산란 시기 동안의 무분별한 어획이 자리돔 생산량 감소에 영향을 미친 것으로 생각되고 있다.

통계청에서의 자리돔 생산량은 2008년부터 다시 확인되기 시작하여, 약 74톤의 생산량이 기록되었으며, 2010년에는 가장 많은 1,163톤의 생산량을 기록하기도 하였다. 하지만 이러한 높은 자리돔 생산량은 지속되지 못하고 2013년에는 다시 76톤으로 2년 사이 급격한 하락세를 나타내었다. 이후 자리돔 생산량은 다소 증가하여 2019년 513톤의 생산량을 보인 후 2020년부터 2022년까지 약 330~390톤 정도의 생산량을 나타내고 있다. 최근에는 바다 수온 상승으로 인하여 자리돔 북방한계선의 북쪽으로의 이동이 제주도 자리돔 자원량 감소에도 영향을 미친 것으로 추정하고 있다.

자리돔 자원량 감소로 인하여 7월에는 자리돔 산란을 금지하는 금어기 설정 등의 자리돔 자원 회복 노력을 이어가고는 있지만, 산란 시기에 자리돔의 맛이 더 좋아져 상품으로서의 가치가 높아지기 때문에 무조건적인 금어기 지정이 현실적으로는 어려운 것이 사실이다. 제주도 연안 자리돔의 자원 관리를 위해 구체적인 금어기 제시 및 어획 금지 체장 설정 등의 구체적인 방안을 제시하기 위한 노력이 더욱 필요한 실정이다. 제주도 사람들이 언제든지 누구나 쉽게 접할 수 있던 자리돔이 이제는 자원량 감소로 어획량이 줄어들고 점차 제주도에서 귀해지고 있는 지금의 상황이 안타까울 따름이다.

III. 제주도 옥돔

제주도 향토 어류를 손꼽으라고 하면 옥돔을 빼놓을 수 없을 것이다. 특히 옥돔을 건조시켜 구워 먹는 옥돔구이는 제주도를 대표하는 특산품으로 많이 알려지고 있다.

옥돔은 제주도에서 솔라니, 오토미, 옥돔생선 등으로 불리며, 바다에서 잡히는 물고기 중 유일하게 옥돔만을 생선이라고 부르며 '생선 중의 생선'으로 인정할 정도로 제주도에서는 오래전부터 아주 귀한 대접을 받는 물고기다. 그러다 보니 제주도에서는 일반적으로 제삿날이나 잔칫날과 같이 중요한 날이면 옥돔구이와 옥돔 미역국을 상에 올리는 것이 당연시되었다. 옥돔 미역국은 주로 생옥돔을 이용하여 만드는데 산모의 회복에 도움이 된다고 하여 출산 후 여성들이 많이 먹었다.

옥돔이라 하면 일반적으로는 말려서 건조된 옥돔의 모습을 떠올릴 것이다(그림 8). 사실 살아 있는 옥돔을 보기는 쉽지 않다. 옥돔은 주로 해저 바닥에 서식하며 어획 후 건져 올리게 되면 해저 바닥과의 수압 차이로 의해 대부분은 금방 죽어버리기 때문이다. 그렇기 때문에 직접 배에 올라타 어획되는 옥돔의 모습을 찾아보지 않는 이상 육지에서 살아 있는 옥돔의 모습을 보기가 어려운 것이다. 게다가 옥돔의 살에는 수분이 많고 사후 경직 기간이 짧아 시간이 지나면서 쉽게 물러지는 특징을 가지기 때문에 횟감보다는 건조시켜 구워 먹는 경우가 대부분이다. 옥돔을 건조시켜 살의 수분을 제거하면 살이 단단해져 씹는 맛이 좋아지고 감칠맛도 높아지기 때문에 우리가 일상생활에서 마주치는 옥돔의 모습은 대부분 건조되어 판매되고 있는 모습이다. 하지만 제주도에서는 그날 잡은 물고기를 뜻하는 '당일바리' 옥돔을 볼 수 있다. 그리고 갓 잡은 싱싱한 옥돔은 회로 먹어도 충분할 정도로 맛이 있으며, 특히 일본에서는 옥돔 회를 다시마와 함께 먹는 것으로 유명하다.

1. 옥돔의 종류

옥돔(*Branchiostegus japonicus*)은 농어목(Perciformes) 옥돔과(Branchistegidae) 옥돔속 (Branchiostegus)에 속하는 물고기로 전 세계적으로 5속 45종이 알려졌다. 우리나라에서는 4종의 옥돔속 어류가 보고되고 있으며, 옥두어(*Branchiostegus albus*), 등혹점옥두어(*Branchiostegus argentatus*), 황옥돔(*Branchiostegus auratus*), 그리고 옥돔(*B. japonicus*)이 이에 속한다.

[그림 8] 제주도 동문시장에서 판매되고 있는 말린 옥돔(왼쪽)과 당일바리 옥돔(오른쪽)의 모습

우리나라에서 어획되는 4종의 옥돔과 어류는 비교적 비슷한 외부 형태를 가지고 있다(그림 9, 자료출처: 국립수산과학원). 옥돔류의 가장 큰 특징은 독특한 머리 형태로서, 머리의 전방 경사가 심한 특징을 보인다. 이와 같은 모습이 마치 말의 머리와 비슷하다고 하여 옥돔류의 영문명에는 horsehead가 포함되기도 한다. 이 외에도 옥돔류는 몸과 머리가 측편되어 있는 공통적인 특징을 가지는데, 이름에 '돔'이 들어가지만 옥돔류는 도미과 어류에 속하지

않는다. 옥돔의 머리와 몸의 형태가 다른 돔류와 비슷하게 측편되어 있는 특징을 가지고 있으나, 몸이 앞뒤 방향으로 도미과 어류보다 더 길게 신장되어 있는 특징을 가지고 있는 체형의 차이를 확인할 수 있다(김 등, 2005; 김 등, 2019). 옥돔(*B. japonicus*)은 몸이 전체적으로 황갈색의 붉은 특징을 나타내며, 몸의 중앙부에는 노란색의 가로무늬 줄이 관찰되고, 꼬리지느러미에는 5~6개의 노란색 세로줄무늬가 관찰된다. 옥돔의 가장 큰 특징은 머리의 눈 뒤에 삼각형의 은백색 무늬가 관찰되는 것이다. 옥두어(*B. albus*)는 다른 옥돔류에 비해 눈이 작은 특징이 있다. 몸은 전체적으로 다른 옥돔류에 비해 하얀 특징을 보이며 꼬리지느러미에 노란색 줄무늬가 위에서 아래로 파도 모양으로 나타난다. 등혹점옥두어(*B. argentatus*)의 특징으로는 눈 아래에서 위턱까지 2개의 흰색 줄무늬가 이어져 있는 것이며, 등지느러미에는 검은 반점이 세로줄을 이루고 있는 특징이 관찰된다. 꼬리지느러미 중앙에는 4~5개의 노란색 세로줄 무늬가 관찰된다. 황옥돔(*B. auratus*)은 다른 옥돔류에 비해 체색이 노란 특징을 보이는데, 눈의 앞쪽 아래에서 위턱까지 1개의 은백색 줄무늬가 이어져 있는 것이 관찰된다. 그리고 꼬리지느러미 상반부에는 노란색 세로줄 무늬들이 있으며, 하반부에는 노란색 점들이 관찰되는 것이 특징이다.

최근 김 등(2020)의 연구에 따르면 우리나라 남해에서 옥돔과 *Hoplolatilus* 속 치어 1종이 새롭게 확인되었다. 이 개체는 국내에서 처음으로 확인된 미기록종으로서 형태학적 및 분자 분석 결과 *Hoplolatilus chlupatyi*와 같은 종으로 확인되었다. 이 어종은 일반적으로 인도-태평양 등의 열대 해역에 주로 분포하는 어종으로 알려지는데, 최근 바다 수온이 증가함에 따라 우리나라 남해안까지 서식 지역이 확장되어 이 연구를 통해 처음 발견된 것으로 생각된다. *Hoplolatilus*속의 어종들은 대부분 화려한 체색을 가지고 있으며, 이러한 이유로 국내에서 발견된 미기록종의 국명을 "무지개옥돔"으로 제안되었다.

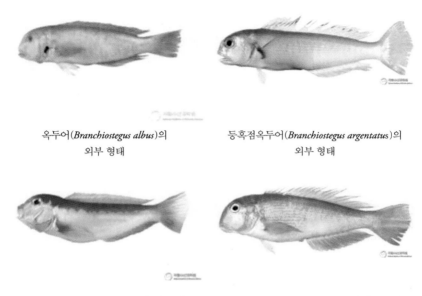

옥두어(*Branchiostegus albus*)의
외부 형태

등혹점옥두어(*Branchiostegus argentatus*)의
외부 형태

황옥돔(*Branchiostegus auratus*)의 외부 형태

옥돔(*Branchiostegus japonicus*)의 외부 형태

[그림 9] 옥두어, 등혹점옥두어, 황옥돔, 옥돔의 외부형태 사진

2. 옥돔의 서식 지역 및 생태학적 특징

옥돔은 아열대성 어류로 우리나라에서는 주로 제주도와 남해안에 서식하
고 있으며, 어업활동은 대부분 제주도 주변 해역에서 이루어지고 있다(그림
10, 자료출처: http://fishbase.org). 최근에는 바다 수온이 상승하면서 제주에서 어획
되던 옥돔이 독도에서도 발견되었다는 사실이 알려지기도 했다.

옥돔은 우리나라 이외에도 일본, 중국, 대만, 베트남, 필리핀까지 동·남
중국해에 걸쳐 넓게 분포하여 서식하고 있다.

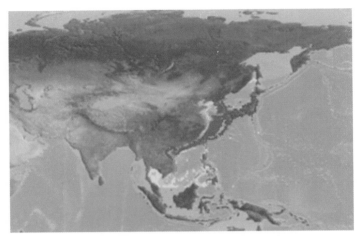

[그림 10] 아시아 지역 옥돔의 주요 서식 분포도

옥돔은 주로 대륙붕 가장자리의 수심 10~300m 정도의 바닥에 서식하고 있으며, 특이적으로 바닥의 모래나 펄에 입으로 관 모양의 굴을 파서 자신의 서식처를 만든 후 낮에는 밖에서 생활하고 밤에는 굴속에 몸을 숨겨 생활하는 습성을 갖는다.

3. 옥돔의 산란 및 성특성

옥돔은 주로 가을에 산란하는 추계산란형 어류이다. 양 등(1997)은 제주 연안에 서식하는 옥돔의 생식주기에 대한 연구 결과를 발표하였으며, 이 연구에서 옥돔의 생식소 발달에 따른 생식소중량지수 및 조직학적 변화를 바탕으로 생식주기를 조사하였다. 연구 결과, 생식소 내 배우자(난 또는 정자)의 주된 성장이 일어나는 시기인 성장기가 6~7월이었으며, 배우자가 성숙하는 성숙기 8~9월, 배우자가 완전히 성숙하고 산란될 수 있는 시기인 완숙 및 산란기 9~10월, 그리고 산란 후 생식소 내 배우자들이 재배치되고 회복되는 휴지 및 회복기가 11~5월까지로 구분되었다. 박(2001)의 연구 결과에서도 옥돔의 생식주기가 성장기 7월, 성숙기 9월, 완숙 및 산란기 10~11월, 그리고 휴지 및 회복기가 12~6월로 구분되었고, 주 산란 시기는 10월인 것으로 나타났다. 이러한 연구 결과들을 통해 옥돔의 생식주기가 연구 결과에 따라 조금의 차이는 있으나 옥돔의 산란은 9월부터 11월 사이 가을에 이루어지며, 주 산란 시기는 10~11월인 것을 확인할 수 있다.

옥돔의 산란은 주로 연안과 가까운 수심 70~100m 깊이의 바닷속에서 이루어지며, 한 번 산란할 때 약 22만 개의 알을 낳는다. 특이적으로 옥돔은 산란기에 가장 몸집이 큰 한 마리의 성숙한 수컷이 다수의 암컷들을 차지하는 할렘(harem)을 형성하여 산란하는 것으로 알려졌다.

제주 연안에 서식하는 옥돔의 체장 길이에 따른 암컷과 수컷의 분포 조사 결과에 따르면 전장(물고기의 머리부터 꼬리지느러미 끝까지의 길이) 15.0~30.0cm 범위에서는 암컷 옥돔이 차지하는 비율이 높다. 반면, 옥돔 수컷의 경우에는 대부분이 전장 30.0cm 이상에서 관찰된다. 그리고 특이적으로 전장 22.0~36.9cm의 범위 크기의 옥돔에서는 일부 암컷과 수컷의 특징을 모두 가지고 있는 양성의 생식소를 갖는 개체들이 관찰된다. 이러한 연구 결과들을 통하여 옥돔이 전장의 길이가 짧은 어린 시기에는 암컷의 성적 특성을 나타내다 일정 크기 이상으로 성장하게 되면 수컷의 성적 특성을 갖게 되는 성전환의 과정을 거치는 자웅동체의 성특성(자성선숙형 자웅동체)을 갖는 어류로 추측할 수 있다. 물론 옥돔이 암컷에서 수컷으로 성전환되는 과정이 확인되지 않았고, 암컷에서 수컷으로 성전환되어 관찰되는 2차 수컷 정소의 구조적 특징이 확인되지 않는다는 이유로 옥돔의 성특성을 미분화형 자웅이체로 추측하는 연구 결과도 보고되고 있다. 그러므로 옥돔의 성특성을 규명하기 위해서는 지속적인 옥돔의 사육과정을 통해 생활사를 규명할 수 있는 연구가 필요할 것이다.

4. 옥돔의 생산량 변화

옥돔은 제주 특산품으로서 선물용으로도 선호도가 높아 고가의 가격으로 거래되는 어종이다. 우리나라에서 생산되는 옥돔의 전체 생산량 중 약 90% 이상이 제주도 주변 해역에서 어획되고 있다. 하지만 현재 제주도에서 생산되는 옥돔의 생산량은 과거에 비교하여 낮은 수준을 유지하고 있으며, 지속적인 옥돔 자원 보호 및 회복을 위한 노력에도 과거 생산량 수준에 도달하지 못하는 상황이다.

통계청에서 조사된 제주 연안에서의 옥돔 생산량을 살펴보면 1990년대 평균 옥돔 생산량은 약 1,837톤으로, 1996년에는 약 2,120톤으로 가장 많은 옥돔 생산량을 기록하였다(그림 11). 하지만 옥돔의 맛과 품질의 우수성이 알려지기 시작하면서 전국적으로 옥돔의 소비량이 증가하였고, 이에 따라 아직 충분히 성장하지 못한 어린 새끼들까지 어획하는 등의 무분별한 남획이 이루어졌다.

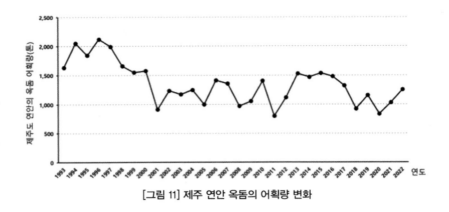

[그림 11] 제주 연안 옥돔의 어획량 변화

옥돔이 유명세를 치르는 동안 제주 옥돔의 생산량은 지속적으로 감소하였으며, 2000년대에는 옥돔 생산량이 큰 폭으로 감소하여 약 1,196톤 수준에 그쳤다. 그리고 2001년과 2008년에는 각각 915톤과 974톤으로 1,000톤미만의 생산량을 기록하기도 하였다. 2010년대에 들어 제주 연안의 옥돔 생산량 감소에 따른 옥돔 자원관리의 필요성에 의해 옥돔 자원회복을 위한 노력들이 이루어졌다. 2012년 제주수산연구원에서는 옥돔의 종묘생산 기술을 개발하기 위하여 성성숙 조사 및 인공산란 유도기법 개발 등의 연구를 수행하기 시작하였으며, 2013년에는 국립수산과학원 아열대수산연구센터에서는 옥돔 자원관리의 중요성에 대한 어업인들의 인식 고취 및 옥돔 자원관리에 동참을 촉구하기 위한 포스터를 제작하여 배포하기도 하였다(그림 12). 옥

[그림 12] 국립수산과학원에서 제작 배포한 옥돔 자원관리방안
홍보 포스터(왼쪽 2013년과 오른쪽 2019년, 자료출처: 국립수산과학원)

돔의 자원 감소 위기를 알리기 위하여 옥돔의 자원 감소 현황을 포스터에 소개하였으며, 이 밖에도 전장 25cm 이하 어린 개체들의 무분별한 남획 및 산란 시기(8~11월) 동안의 어획 자제를 위한 내용을 홍보하였다. 하지만 이러한 노력에도 불구하고 2010년대 제주 연안에서의 옥돔 생산량은 약 1,276톤으로 2000년대에 비해 다소 증가하였으나 이전의 자원량에는 미치지 못하였다. 게다가 2020년에는 옥돔 생산량이 838톤으로 다시 크게 감소하였다. 그리고 최근 2021년과 2022년에도 제주 옥돔 생산량은 각각 1,032톤과 1,258톤의 수준을 기록하였다. 지속적인 옥돔 자원량 감소로 인하여 제주 옥돔은 국립수산과학원의 수산자원회복산업의 대상어종으로 선정되기도 하였으며, 포획금지체장의 상향 조정, 금어기 확대, 미성어 어획 감소 방안 등의 노력을 이어가고 있으며, 지속적인 자원관리 및 양식대상어종으로서 관심과 연구가 필요한 실정이다.

옥돔은 아직 양식이 이루어지지 않는 어류이다. 지속적인 옥돔 자원 감소를 해결하기 위하여 국립수산과학원에서는 2003년 옥돔 양식을 위한 종묘 생산을 시도하였다. 그 결과 인공적인 옥돔 종묘 생산을 통해 앞으로의 옥돔 양식의 가능성이 확인되었다. 하지만 양식 과정에 있어 옥돔의 인공 수정란 대량생산의 어려움과 부화 후 자어의 급격한 폐사 증가 및 자치어 사육을 위한 환경조성의 어려움 등의 문제로 종묘 생산량은 기대치에 미치지 못하였다. 게다가 수정란 생산을 위한 옥돔 친어의 경우에도 일차적으로 어획 후 생존 확률이 매우 적고, 생존하더라도 사육 과정에서 많은 수의 개체들이 적응하지 못하고 폐사하여 지속적인 친어의 사육관리에 대한 어려움이 발생한다. 결국 옥돔 친어와 종묘의 생리·생태학적인 특징 및 영양학적 정보 부족과 종묘 생산 기술의 한계 등으로 인하여 여전히 옥돔 양식은 이루어지지 않고 있다.

최근 일본에서는 옥돔류의 자원관리를 위하여 방류용 치어 생산을 위한 기술 개발을 진행하고 있는 것으로 알려졌다(자료출처: 해양수산해외산업정보 포털). 일본에서도 옥돔은 매우 귀하고 고급 생선으로 여겨지고 있으며, 특히 옥두어는 옥돔류 중 가장 희소성이 높아 매우 높은 가격에 거래된다. 하지만, 일본 역시 우리나라와 마찬가지로 옥돔류의 지속적인 어획량 감소와 자원량 회복의 문제를 겪는 중이다. 이를 해결하기 위하여 일본에서도 오래전부터 옥돔류에 관심을 두고 자원회복과 양식 기술 개발을 위하여 노력하고 있으며, 방류용 치어 생산 기술 개발에 노력을 기울인 결과, 2020년 인공수정을 통하여 약 40만 개의 수정란을 생산하였으며, 그중 크기 4cm 정도의 옥두어 치어 4만 미를 생산하는 데 성공하였다. 특히 옥두어의 종묘생산이 1회에 걸친 단발성이 아닌 2년 동안 연속으로 성공하여 옥두어의 종묘생산 기술이 일정 수준 확립되었음을 강조하였으며, 지속적인 연구 진행을 통하여 추후 옥두어 종묘가 보편적으로 양식 어가에 보급될 수 있을 것으로 전망하고 있다.

제주 옥돔을 찾는 사람들은 많은데 어획되는 생산량은 감소하니 제주 옥돔의 몸값은 계속해서 상승한다. 그러다 보니 최근에는 해외에서 유입되는 저렴한 옥돔 또는 옥두어가 제주 옥돔으로 둔갑하여 시중에서 비싸게 거래되는 사례들이 여러 뉴스와 기사, 일부 방송 프로그램을 통해 방송되면서 사회적으로 이슈화되어 제주 옥돔의 명예가 추락하는 일이 발생하기도 하였다. 소비자들이 값비싼 옥돔과 비교적 저렴한 옥두어를 구별할 수 있도록 여러 가지 방법들이 소개되기도 하였으나, 어획 후 죽은 시간이 길거나 건조 등의 가공 처리 후 옥돔과 옥두어를 구분하는 것은 매우 어렵다. 김 등(2019)은 옥돔과 옥두어를 유전학적인 분석 방법을 이용하여 판별할 수 있는 기술을 개발하였으나, 현실적으로 옥돔과 옥두어를 구분하기 위하여 일일이 판별 기술을 이용하는 데에는 한계가 있다. 결국 문제를 해결하기 위해서는 제주 연안의 옥돔 자원량을 회복시키기 위한 노력으로서 옥돔 양식을 위한 지속적인 관심과 장기적인 연구 프로젝트 지원 등을 통해 안정적인 옥돔양식 생산기술을 개발하고, 이를 통한 옥돔 종묘의 방류 및 옥돔 자원의 지속적인 모니터링이 필요할 것이다.

Ⅳ. 제주도 갈치

여름이 지나 선선해지는 가을로 계절이 변하는 시기 제주도 밤바다에서는 무수히 많은 불빛들이 어둠을 밝히고 있는 모습을 볼 수 있다(그림 13). 바로 갈치잡이 어선들이다. 산란을 위해 북상하던 갈치들이 제주도 연안에 어장을 형성하면서 제주도 갈치 조업도 같이 시작된다. 갈치가 밤이 되어야 활동을 시작하는 야행성이기 때문에 갈치를 잡기 위해서는 밤 시간에 집어등

[그림 13] 제주도 조천 함덕 연안에서 조업 중인 갈치 조업선들의 모습

을 환하게 밝히며 조업이 이루어진다. 갈치 조업을 하며 많은 수의 어선들이 눈부시게 밝히는 밤바다는 장관을 이룬다.

제주도에서는 전통적으로 테우를 타고 바다로 나가 '갈치술'이라고 부르는 줄낚시를 이용하여 갈치를 잡아 왔다. 제주도 사람들은 갈치를 구이나 조림 등으로 많이 먹어왔으며, 특히 바로 잡아 싱싱한 상태의 갈치를 호박과 함께 끓여 만든 갈칫국은 제주도 전통음식 중 하나다.

과거 갈치는 비교적 저렴하지만 맛있는 생선으로 일반 서민들도 쉽게 즐길 수 있는 생선이었다. 지금에야 갈치를 찾는 수요 대비 공급이 따라가지 못해 갈치 가격이 높아져 한때는 '금치'라고 불릴 만큼 고가의 생선이 되었다.

[그림 14] 제주도 동문시장에서 판매되고 있는 갈치의 모습

1. 갈치 형태와 특징

갈치(*Trichiurus japonicus*)는 농어목(Perciformes), 갈칫과(Trichiuridae)에 속하는 어류이다. 외부 형태는 몸이 좌우로 측편되었고 머리부터 꼬리까지 매우 긴 형태로 리본형의 특징을 갖는다. 다른 어류와 갑각류, 오징어 등을 잡아먹는 육식성 어류이며, 심지어 동족까지 먹이로 잡아먹는 흉폭함을 가지고 있으며, 이러한 갈치의 습성을 보고 '갈치가 갈치 꼬리를 문다'라는 속담이 전해진

다. 사냥을 위한 강하고 날카로운 이빨이 발달해 있으며, 몸을 따라 길게 신장되어 있는 등지느러미를 가지고 있다(김 등, 2005).

갈치는 은백색의 광택을 띠는 화려한 체색을 가지고 있는 것이 가장 큰 특징이다. 갈치는 다른 어류와는 다르게 몸을 덮고 있는 비늘이 발달해 있지 않고, '구아닌' 색소가 피부를 덮고 있는데, 이 구아닌 색소가 갈치의 몸을 광택처럼 빛나게 보이는 역할을 한다. 하지만 구아닌 색소는 사람이 소화시키지 못하고 잘못 먹으면 복통을 유발할 수 있어 갈치를 먹을 때는 은백색의 피부를 벗겨내고 먹는 것이 좋다.

갈치는 일반적으로 몸을 흔들며 유영하는 다른 물고기와는 다르게 몸과 꼬리를 수직으로 꼿꼿이 세우고 등지느러미를 물결치듯 움직이며 서서히 유영한다. 하지만 물살이 빠르게 이동하는 곳에서는 다른 물고기들처럼 옆으로 움직일 수 있으며 W자 모양으로 꼬리를 움직여 이동하며, 특히 먹이를 사냥할 때면 먹이를 향해 빠르게 움직여 먹이를 낚아챈다.

일반적으로 다른 물고기들은 크기를 이야기할 때 머리부터 꼬리까지의 길이인 전장이나 머리부터 몸통까지의 길이를 측정하는 체장을 기준으로 이야기한다. 하지만 갈치의 경우에는 머리와 꼬리까지의 길이가 아닌 등에서부터 배의 밑부분까지의 폭을 기준으로 크기를 구분한다. 그리고 갈치 크기를 구분하는 단위로는 손가락을 이용한다. 즉, 손가락 몇 개를 겹쳤을 때 갈치 폭의 길이와 유사한가 두고 2지, 3지, 4지, 5지로 구분하는 것이다. 여기서 '지'는 손가락을 뜻하는 한자어 '指'를 뜻한다.

2. 갈치의 종류

갈치는 전 세계적으로 47종이 서식하고 있으며, 주로 온대와 열대 지역에 서식한다. 우리나라에서는 주로 남해안과 제주도 해역에 서식하고 있으며, 일본, 중국, 대만을 포함하는 북서태평양 해역에 분포하고 있다.

우리나라에서는 4속 4종의 갈치가 서식하고 있으며, 각각 분장어(*Eupleurogrammus muticus*), 붕동갈치(*Assurger anzac*), 동동 갈치(*Evoxymetopon taeniatus*), 그리고 우리나라에서 주로 식용으로 이용되는 갈치(*Trichiurus japonicus*)로 구분된다.

우리나라에서 어획되는 갈치는 처음에는 *Trichiurus lepturus*로 동정되었다. 하지만 2014년에 미토콘드리아 DNA의 COI 영역 분석을 이용하여 재검토한 결과(Lee and Kim, 2014), 우리나라에 서식하는 갈치가 *Trichiurus japonicus*로 확인되어 종명이 바뀌기도 하였다. 이러한 유전적 분석 방법을 이용한 갈치의 종 판별법은 최근 해외에서 수입되는 갈치와 국내산 갈치를 구분하기 위하여 이용되기도 한다.

일반적으로 우리가 식용으로 사용하는 갈치는 국내산과 수입산으로 구분되며, 수입산 갈치의 경우 남방갈치라고 부른다. 남방갈치는 우리나라를 포함하는 동중국해 연안에서 어획되는 갈치와는 다른 종(*Trichiurus sp2*)으로서 주로 세네갈, 필리핀, 아랍에미레이트 등 주로 열대지역에서 서식한다. 국산 갈치와 남방갈치는 거의 유사한 외부 형태를 나타내지만 눈의 색깔 차이를 보고 구분할 수 있다. 국산 갈치의 눈은 투명한 흰자위와 동공이 관찰되는 반면, 남방갈치는 노란색의 동공이 관찰되는 차이를 보인다.

갈치를 '은갈치'와 '먹갈치'로 구분해서 부르기도 한다. 은갈치는 말 그대로 우리가 흔히 갈치라고 부르면 떠오르는 은백색의 갈치로 주로 제주 지역에서 어획되는 갈치를 뜻하며, 먹갈치는 주로 목포 지역에서 어획되는 갈치로 조업 과정에서 피부가 벗겨져 색이 검게 보이는 갈치를 뜻한다. 비록 두 갈치를 부르는 이름은 다르지만, 두 갈치 모두 같은 종에 속한다. 단지 은갈치는 채낚기 등 주로 낚시로 갈치를 잡아 은백색의 피부가 깨끗한 상태로 어획되는 반면, 먹갈치는 저인망과 같은 방법으로 한꺼번에 어획되다 보니 피부가 벗겨지고 손상되어 은백색의 피부가 번겨져 검게 보일 뿐이다.

간혹 심해에 서식하다가 해수면으로 올라와서 잡히거나 발견되기도 하는 산갈치는 갈치와 매우 비슷한 형태를 가지고 있으며, 이러한 이유로 갈치와 매우 비슷한 어종으로 생각하곤 한다. 하지만 실제로 산갈치는 이악어목(Lampriformes), 산갈칫과(Regalecidae)에 속하는 어류로 갈치로 진화하는 과정에서 두 물고기가 비슷한 외부 형태를 갖게 되었을 뿐 두 물고기는 엄연히 다른 물고기이다. 최근 대만에서는 길이 11m의 초대형 산갈치가 발견되어 사람들을 충격에 빠트리기도 했다. 심해에 서식하는 산갈치가 수면 위로 올라와 발견되는 현상이 거대한 지진의 전조 증상이라는 속설이 있어 지진에 대한 공포감이 형성되기도 하였으나, 다행스럽게도 아직까지 대만 지역에서 큰 지진이 발생했다는 뉴스가 들려오지 않는다.

3. 갈치의 산란과 회유

갈치는 온대성 어류로 서식온도는 7~25℃이며, 주로 18~22℃의 수온조건에서 산란을 한다. 제주도 연안에서 어획되는 갈치의 산란 시기를 조사한 연구 결과에 따르면(김 등, 1998; 김 등, 2020) 생식소중량지수가 주로 6월부터 9월까지 매우 높게 나타난다. 10월부터 생식소중량지수가 서서히 감소하기 시작하면서, 12월에는 낮은 수준을 유지한다. 특이적으로 생식소중량지수가 높게 관찰되는 6월 갈치의 생식소에서는 이미 완전히 성숙한 난과 정자가 관찰되며, 이미 방란과 방정을 통해 산란이 이루어진 개체들이 함께 관찰된다. 이러한 연구 결과는 제주 연안에 서식하는 갈치의 산란 시기가 6월부터 10월까지로 비교적 긴 산란 시기를 가지며, 주요 산란 시기는 8월인 것으로 나타난다. 또한 갈치가 한 번의 산란 시기 동안 2회 이상 산란 행동을 하는 다회산란어종의 특징이 관찰되고, 산란 시 14,000개에서 76,000개의 알을 낳는다.

갈치는 이동과 회유를 하는 물고기이다. 일반적으로 수심 100~300m 깊이에 서식하는 갈치는 낮에는 깊은 바다에 무리 지어 서식하다가 밤이면 먹이 활동을 하기 위하여 얕은 수심의 표층으로 이동하는 수직회유를 하는 특징을 보인다. 이러한 갈치의 특징 때문에 갈치 조업이 주로 밤에 이루어지는 것이다.

갈치는 수온 및 산란 시기에 따른 계절적 회유를 하는 물고기이다. 따뜻한 물을 좋아하는 갈치는 겨울이 되면 주로 동중국해와 일부 제주도 남쪽에서 겨울을 지낸다. 겨울이 지나고 수온이 따뜻해지기 시작하면 갈치는 북상하기 시작하며, 여름이 되면 제주도 북부와 우리나라 서해 남부 연안까지 북상 후 산란하고, 산란이 끝난 갈치들은 다시 월동을 위해 원래 서식하던 동중국해로 남하한다(박 등, 2002).

4. 갈치의 생산량 변화와 자원 감소

갈치는 우리나라에서 상업적으로 가장 중요한 어종 중 하나에 속한다. 1980년대 우리나라 갈치 생산량은 122,672톤으로 매우 높은 생산량을 나타냈으며, 1983년에는 152,633톤으로 우리나라 통계 역사상 가장 많은 생산량을 나타내기도 했다(그림 15). 하지만 1991년 갈치 생산량이 95,466톤으로 처음 10만 톤 밑으로 생산량이 감소하였으며, 결국 1990년대 평균 갈치 생산량은 79,828톤을 기록하여 1980년대와 비교하여 무려 34.9%의 갈치 생

[그림 15] 우리나라에서 어획되는 갈치 어획량의 변화

산량이 감소한 것으로 나타난다. 2000년대 우리나라 갈치 생산량은 67,608 톤으로 1980년대의 생산량과 비교하여 절반 수준으로 감소하였다.

지속적으로 갈치 생산량이 감소하면서 국립수산과학원에서는 2009년 갈치를 수산자원회복사업의 집중회복대상종으로 지정하였다. 하지만 갈치 생산량 감소는 계속해서 이어졌으며, 2012년과 2016년에는 각각 약 32,526 톤과 32,331톤으로 가장 낮은 갈치 생산량을 기록하며 2010년대 평균 갈치 생산량은 46,935톤에 그쳤다. 그나마 위안을 삼을 수 있는 부분이 있다면 2016년을 기준으로 2022년까지 갈치 생산량이 다소의 증감을 반복하고 있지만 다소 증가하는 경향을 보인다는 것이다. 하지만 과거의 영광과 비교하면 여전히 부족한 수준이다.

우리나라에서 갈치의 생산량이 지속적으로 감소하는 원인으로는 갈치 어장의 변동과 무분별한 남획 등이 있다. 첫 번째로 갈치 어장의 경우 과거에는 갈치가 산란을 위하여 우리나라 서해안까지 북상하여 산란장을 형성하면서 어장이 형성되었다. 하지만 최근에는 기후변화로 인한 바다 수온의 상승으로 인하여 서해안에서 갈치 산란장이 형성되지 않아 어장이 축소되고, 어군이 남해와 제주도로 이동하여 서해안에서의 갈치 생산량이 감소한 것으로 보고 있다. 두 번째는 갈치 남획이다. 갈치 소비 증가와 조업 기술의 발달로 인하여 갈치 어획량이 증가하면서 풀치까지 무분별하게 남획이 이루어져 갈치 자원량이 감소한 것이다. 가녀린 풀잎을 닮은 풀치는 아직 다 자라지 못한 어린 갈치를 부르는 말이다. 풀치의 남획은 번식에 참여할 수 있는 갈치 개체수 감소로 이어지며, 이는 결국 다음 세대의 풀치와 갈치의 자원량이 감소함을 뜻하게 된다.

현재 풀치와 갈치의 무분별한 남획을 방지하기 위한 수산자원관리법을 통하여 7월을 갈치 금어기로 지정, 항문장 길이(머리부터 항문까지의 길이)가 18cm 이하의 풀치는 어획을 금지하였다. 하지만 갈치 금어기는 북위 33도 이북 해역에 한정하고 있으며, 근해채낚기어업 및 연안복합어업은 예외조항으로 제외된다. 그러다 보니 금어기에도 제주도 남부에서는 갈치 어획이 이루어지고 있으며, 그물 조업 대신 근해채낚기어업 및 연안복합어업 방식을 이용하여 가까운 바다에서는 금어기에도 갈치가 지속적으로 어획되고 있다. 결국 갈치 자원회복을 위한 금어기 지정과 예외조항은 지역별 어업인들 간의 형평성에 어긋나는 문제가 발생하고, 실제 갈치 자원량 회복에는 큰 영향을 미치기 어려울 것으로 예측되어, 앞으로도 갈치 자원을 보호하기 위한 고민은 지속될 예정이다.

지속적으로 감소하는 우리나라 갈치 생산량과는 다르게 제주도 연안에서 어획되는 갈치 생산량은 오히려 증가하였다(그림 16). 1981년 제주도 갈치 생산량은 1,519톤으로 전체 생산량의 1% 수준에 그쳤다. 하지만 제주도 갈치의 생산량이 지속적으로 증가하여 1995년 10,499톤으로 처음 1만 톤 이상을 기록하였으며 전체 갈치 생산량의 11.1% 수준을 차지하였다.

제주도 갈치 생산량은 1980년대 2,507톤, 1990년대 7,764톤, 2000년대 20,499톤으로 계속하여 증가하였으며, 2000년대 제주 갈치 생산량은 전체

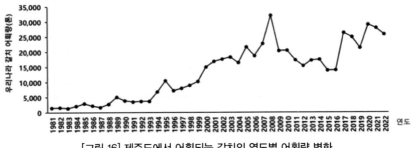

[그림 16] 제주도에서 어획되는 갈치의 연도별 어획량 변화

갈치 생산량 대비 30.7% 수준을 나타냈다. 2010년도에는 이전과 비교하여 큰 증가폭을 보이지는 않았으나 생산량 20,840톤으로 전체 갈치 생산량의 44.2%를 제주 갈치가 차지하였다.

제주도 갈치 생산량의 증가에는 아이러니하게도 우리나라 갈치 어장의 남하와 제주도 남부에서 금어기와 상관없이 이루어지는 갈치 어획에 의한 것으로 추정하고 있다. 제주도 갈치가 풍년이라는 소식이 마냥 반갑지만은 않다.

Ⅴ. 제주도 바리과 어류

제주도의 대표적인 바리과(Serranidae) 어류에는 다금바리, 구문쟁이, 붉바리가 있다. 바리과 어류는 농어목(Perciformes)에 속하는 어류로서 전 세계적으로 약 64속 475여 종 정도가 존재하고 있으며, 우리나라에서는 29종이 서식하고 있다(한 등, 2014).

제주도에서 서식하고 있는 다금바리, 구문쟁이, 붉바리는 주로 연안 암반의 돌 틈이나 굴속에서 지내며, 한번 자리를 잡으면 벗어나지 않는 정착성 어류로 예전부터 자리돔과 함께 제주도 토속 어류에 속한다. 제주도에서는 낚시꾼들끼리 자신들만 알고 있는 바리과 어류 낚시 포인트가 있다고 한다. 바리과 어류가 한 곳에서 서식하고 있다가 어획이나 사망으로 그 자리를 비우게 되면 다른 바리과 어류가 그 자리를 차지하여 지내기 때문에 그 자리가 바리과 어류 낚시 포인트가 된다고 한다.

바리과 어류는 자리돔과 함께 제주도 토속 어류로 이야기되지만, 자리돔처럼 제주 어느 연안에서나 쉽게 잡히는 물고기가 아니었으며, 제주도 사람들도 접할 기회가 많지 않아 매우 귀한 물고기로 대접받았다. 귀한 물고기여서 잡히면 버리는 부위가 거의 없을 정도였으며, 남은 뼈는 푹 고아서 지리를 끓여 먹었다고 한다.

우리나라뿐만 아니라 바리과 어류는 동남아시아 지역에서 매우 높은 가격으로 거래되는 고급 어종이며, 특히 붉바리의 경우에는 바리과 어종 중에서도 가장 비싸게 거래된다. 하지만 지나친 남획으로 인해 대부분의 바리과 어류들이 자원량이 감소하여 멸종위기에 속하고 있다. 우리나라에서도 최고의 횟감으로 인정받는 바리과 어류들의 자원량이 많지 않아 지속적인 관심이 필요한 실정이다.

1. 다금바리(자바리)

'다금바리'는 사실 제주도에서 부르는 방언이며, 우레기속(*Epinephelus*)에 속하는 '자바리(*Epinephelus bruneus*)'라는 정식 이름을 가지고 있다. 그런데 하필 같은 바리과에 속하는 어류에 '다금바리(*Niphon spinosus*)'라는 이름을 갖는 다른 물고기가 존재해 사람들을 헷갈리게 한다. 제주도 '다금바리'가 '자바리'라는 이름을 갖게 된 이유는 과거 두 물고기의 이름을 붙이는 과정에서 오류가 있었다는 이야기가 있을 뿐 명확한 이유는 확인되지 않는다. 여기서는 두 물고기를 '제주도 다금바리(자바리)'와 일반 '다금바리'로 구분하여 설명하고 있으며, 이후 다금바리는 모두 자바리를 지칭하여 설명하고 있다.

먼저 정식 이름이 '다금바리(*Niphon spinosus*)'라는 이름을 갖는 물고기는 농어를 닮았다고 하여 '뻘농어'라고도 불린다. 형태학적으로 주둥이가 길고 뾰족한 특징을 가지고 있어서 제주도의 '다금바리'와는 쉽게 구분할 수 있다. 아가미뚜껑 밑부분에 크고 단단한 가시 1개가 발달해 있다. 어릴 때 등에는 갈색 세로줄무늬가 관찰되지만 성장하면서 사라진다. 비교적 깊은 수심 약 100~200m 깊이의 암반층에 서식하고 있으며, 주로 열대와 아열대 지역에 서식하며 제주도 남방 해역이나 일본 남부, 대만, 필리핀 등에서도 확인되고 있다. 하지만 우리나라에서 어획되는 개체수가 많지 않아 쉽게 찾아보기가 어려운 물고기이며, 이러한 이유로 최근에는 다금바리라고 하면 일반적으로는 제주도 다금바리(자바리)를 부르는 것이 되었다.

[그림 17] 다금바리(자바리)의 주요 서식 분포도

다금바리 역시 아열대 및 열대성 어류로 주로 북서태평양 지역에 분포하며 우리나라 제주도와 남해안, 일본, 중국, 대만 지역까지 넓은 범위에 서식하고 있다(그림 17, 자료출처: http://fishbase.org). 수심 20~200m 범위의 암초 지역 또는 진흙 바닥에 서식하며, 치어 시기에는 더 얕은 지역으로 올라와 서식한다. 체색은 어두운 갈색으로 어릴 때는 몸에 6개의 가로줄무늬가 관찰된다. 하지만 줄무늬가 뚜렷하지는 않고, 성장하면서 줄무늬가 옅어지며 사라진다 (김 등, 2005; 김 등, 2019).

크기는 1m 이상, 100kg 이상까지 성장할 수 있는 대형종에 속하지만 일반적으로 어획되는 크기는 60cm 정도이다. 주로 다른 갑각류나 어류를 잡아먹는 육식성으로 사냥을 위해 몸을 숨겼다가 지나가는 먹이를 큰 입을 이용하여 한입에 집어삼키는 습성을 갖는다.

산란기는 주로 수온이 높게 형성되는 여름인 7~8월로 알려지며, 첫 산란에 참여할 수 있는 성성숙 연령이 최소 5년 이상으로 비교적 긴 특징을 갖는다. 특이적인 것은 다금바리를 포함하는 바리과 어류는 자성선숙형자웅동체(Protogynous hermaphorodites)의 성특성을 갖는다. 즉 처음 태어났을 때는 암컷의 성을 나타내지만, 성장을 하면서 일정 시기가 지나면 수컷으로 성이 바뀌는 성전환(sex change)을 하는 어류이다. 제주도 다금바리가 속하는 자바리의 경우 생후 7~10년을 넘기 시작하면 수컷으로 성전환이 이루어진다고 알려진다.

[그림 18] 왼쪽 사진은 바닷속에서 몸에서 줄무늬가 관찰되는 자바리의 모습이다. 하지만 자바리는 성장하면서 오른쪽의 사진처럼 몸의 줄무늬가 사라져 관찰되지 않는다

2. 구문쟁이(능성어)

제주도에서 '구문쟁이'라고 부르는 물고기의 정식 이름은 능성어
(*Hyporthodus sptemfasciatus*)이다. 앞선 다금바리와 같이 '구문쟁이'와 '능성어'의
이름에 대한 논쟁은 없으나 학명의 경우 과거 능성어를 우레기속(*Epinephelus*)
으로 구분하였으나 최근에는 *Hyporthodus*속으로 구분하고 있다.

[그림 19] 구문쟁이의 주요 서식 분포도

구문쟁이의 주요 서식 지역은
서태평양 연안으로 우리나라 남
해안과 제주도, 일본과 중국 등에
분포하고 있으며, 다금바리보다
비교적 얕은 수심 5~30m 깊이
연안의 산호초 또는 암반 해역에
몸을 숨겨 지낸다(그림 19, 자료출처:
http://fishbase.org). 먹이와 사냥 습성은 다금바리와 유사하며, 대형종의 특징을
보인다. 체색은 자바리와 비슷한 갈색을 나타내지만, 치어 시기에는 뚜렷한
7개의 가로무늬가 관찰되기 때문에 자바리와 쉽게 구분되며, 가로무늬 덕분
에 'sevenband grouper'라는 영문 이름을 갖는다(그림 20). 하지만 성체로 성
장함에 따라 뚜렷했던 가로무늬가 점차 희미해져 성체의 다금바리와 비교하

[그림 20] 아직 어린 능성어의 경우 가로줄무늬가 명확하게 구분되는 반면(왼쪽),
성체로 자란 능성어의 경우 가로줄무늬가 점점 희미해진다(오른쪽)

면 구분하기가 어렵다(김 등, 2005; 김 등, 2019). 구문쟁이가 다금바리에 비해 비교적 높은 체고를 가지지만 일반인이 구분하기란 쉽지 않다.

구문쟁이와 다금바리가 비슷하게 생겼다는 이유로 구문쟁이를 다금바리로 속여 판매하는 일로 문제가 되기도 했다. 그렇다고 구문쟁이의 가격이 저렴하지도 않다. 상대적으로 더욱 비싼 다금바리를 속여 팔아서 문제가 되었을 뿐 구문쟁이 역시 일반적으로 비싸게 대접받는 돌돔이나 참돔과 비교해 훨씬 고가의 가격으로 거래되는 고급 어종이며, 쉽게 접할 수 있는 물고기가 아니다. 최근에는 저렴하게 수입되고 있는 양식산 다금바리 또는 교잡종의 바리과 어류들이 다금바리와 구문쟁이로 둔갑하여 판매되고 있어 문제가 되고 있다. 소비자들의 피해를 방지하기 위하여 수입산 및 교잡종 바리과 어류를 명확하게 구분할 수 있는 방법 마련이 필요하다.

구문쟁이의 산란기는 다금바리와 비슷한 7~8월이며, 성성숙 연령 및 성전환 시기 역시 다금바리와 비슷한 것으로 알려진다.

3. 붉바리

제주도에서 붉바리는 일부 '붉발'이라고 불리며, 제주도 횟집 메뉴판에는 종종 '북바리'라고 적혀 있기도 하다.

붉바리(*Epinephelus akaara*)는 다금바리와 마찬가지로 우레기속(*Epinephelus*)에 속하며, 주로 북서

[그림 21] 붉바리의 주요 서식 분포도

태평양의 우리나라 제주도와 남해안, 중국과 일본 남부와 대만을 포함하는

동중국해 연안에 서식하고 있다(그림 21, 자료출처: http://fishbase.org). 주로 수심 55m 이하 연안의 산호초 또는 암초 지역에 서식하고 있으며, 육식성의 어류이다.

붉바리 다금바리와 구문쟁이와는 달리 크기가 작은 소형종에 속하며, 일반적으로 어획되는 크기는 30cm 내외이고 최대 크기는 60cm 정도이다. 체색은 연한 갈색 또는 붉은 갈색 바탕에 붉은색 반점이 산재되어 분포하고 있어서 'red spotted grouper'라고 불리며, 다금바리와 능성어와는 확연히 다른 체색 차이를 나타낸다(김 등, 2005; 김 등, 2019).

비록 붉바리가 다금바리와 구문쟁이에 비해 크기는 작지만 어획되는 개체수가 적어 몸값은 훨씬 비싸다. 우리나라 최고 횟감으로 대접받고 있으며, 그 인기는 동남아시아 지역에서 더욱 높아진다(Rimmer and Glamuzina, 2019). 다른 바리과 어류들과 비교하여 붉바리가 가장 높은 가격으로 거래되고 있으며, 홍콩에서는 붉바리를 아주 귀한 손님에게만 대접하는 최고의 물고기라 하여 'Hong Kong grouper'로 부르기도 한다.

붉바리의 산란 역시 7~9월에 이루어지며, 산란에 참여하기 위한 성성숙 연령은 3년 이상이며, 암컷에서 수컷으로의 성전환은 5년생 이상으로 알려

[그림 22] 붉바리의 외부 형태 사진

진다.

4. 바리과 어류 양식

바리과 어류가 횟감으로 높은 수요를 보여 고급 어종으로 대접받고 있지만, 어획되는 개체 수는 점차 감소하고 있어 자원관리의 필요성이 요구된다. 우리나라뿐만 아니라 전 세계적으로 바리과 어류가 높은 가격으로 거래되며 수요가 증가함에 따라 지나친 남획이 이루어졌고, 그 결과 다금바리의 경우 세계자연보전연맹(International Union for Conservation of Nature, IUCN)에서 멸종위기종으로 분류되어 멸종위기취약(vulnerable, VU) 등급으로 지정되었으며, 붉바리는 멸종위기우려(endangered, EN) 등급으로 지정되었다.

바리과 어류의 자원량 감소로 인한 자원량 회복과 고부가가치 어종인 바리과 어류의 양식산업개발을 위하여 우리나라와 일본, 중국, 대만 등 많은 나라에서 양식기술개발을 위해 노력하고 있다.

우리나라에서도 바리과 어류를 양식하기 위한 기술 개발이 이루어지고 있으며, 현재는 다금바리, 구문쟁이, 붉바리 모두 인공수정을 통해 수정란과 치어를 생산할 수 있는 종자생산기술이 개발된 상태이다. 특히 제주도 해양수산연구원에서는 2003년 다금바리, 2004년 구문쟁이, 그리고 2008년 붉바리에 대한 종자생산기술을 개발하였으며, 2014년부터는 종자생산기술을 통해 생산된 다금바리 치어를 지속적으로 방류하고 있다. 그 결과 2018년에는 다금바리 어획량이 5년 사이 약 10배가량 증가하여 다금바리 자원량 회복에 있어 고무적인 효과를 거두기도 하였다. 하지만 최근까지도 국내에서 양식된 바리과 어류는 찾아보기 어렵다.

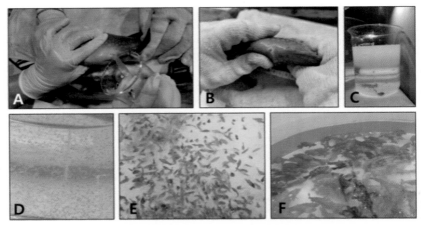

[그림 23] 붉바리의 수정란 및 치어 생산 과정. A, 배란 유도; B, 배정 유도; C,
붉바리 수정란; D, 붉바리 부화 자어; E and F, 붉바리 치어

바리과 어류의 양식기술은 현재 많은 발전을 이루었지만 아직까지 대량 생산을 하기에는 어려운 부분이 많다. 양식기술개발 초기에는 수정란을 생산할 수 있는 친어의 확보가 쉽지 않은 문제가 있었다. 바리과 어류의 경우 성적 성숙이 가능한 성성숙 연령이 비교적 긴 편이며, 암컷에서 수컷으로 성전환을 하는 성특성을 가지고 있어 수컷으로의 성전환은 다금바리와 구문쟁이는 7년 이상, 붉바리는 5년 이상의 시간이 걸린다. 하지만 일반적으로 어획되는 바리과 어류들은 아직 성전환이 이루어지지 않은 암컷 개체들뿐이었으며, 상대적으로 수컷을 구하기가 어려웠다. 그리고 어획된 암컷들도 곧바로 성성숙이 이루어지지 않아 인공수정란을 생산하기 어려웠다. 이후 바리과 어류의 조기 성성숙 유도 및 조기 성전환 기술이 개발되면서 암컷의 성적 성숙 유도와 수컷의 정자 확보가 가능해지면서 인공수정란 생산이 가능해졌다. 하지만 생산된 종묘의 사육을 위해 알려진 정확한 환경정보가 없었기 때문에 무수히 많은 실패과정을 거쳐야 했으며, 장고의 노력 끝에 현재는 종

묘사육 기술도 안정화 단계에 접어들었다. 하지만 바리과 어류 양식에 있어서 최대 약점으로 꼽히는 체성장 개선 문제가 남아 있다. 바리과 어류의 경우 따뜻한 물을 선호하는 열대 및 아열대 어종으로 우리나라에서는 느린 성장을 보인다. 특히 다금바리나 능성어의 경우에는 자연조건에서 1kg까지 성장하기 위하여 약 3년이 걸리기 때문에 산업적 가치가 떨어진다. 이와 같은 문제를 해결하기 위해 순환여과시스템을 이용한 양식 등을 통해 바리과 어류의 성장을 향상시키기 위한 노력이 이루어지고 있으며, 이제 바리과 어류의 대량생산까지 얼마 남지 않았다고 예상된다. 이제까지는 쉽게 접할 수 없던 다금바리, 구문쟁이, 붉바리를 하루빨리 식탁에서도 쉽게 만나 볼 수 있는 날이 오기를 기대해 본다.

참고문헌

김나예슬, 양지영, 김중범, 2019, "옥돔과 옥두어 판별을 위한 PCR 검사법 개발과 검증", 『한국식품과학회지』 51(3): 295-299.

김상현, 이영돈, 노홍길, 1998, "제주해협에 출현하는 갈치(Hairtail, *Trichiurus lepturus*)의 어업생물학적 특성", 『한국수산과학회지』 31(1): 17-25.

김이정, 유효재, 김진구, 2020, "한국 남해에서 출현한 옥돔과(Malacanthidae) 어류 1 미기록종 *Hoplolatilus chlupatyi* 치어의 형태기재 및 분자동정", 『수산해양기술연구(구 한국어업기술학회지)』 56(4): 316-321.

김익수, 최윤, 이충렬, 이용주, 김병직, 김지현, 2005, 『한국어류대도감』, 도서출판한글.

김진구, 유정화, 권혁준, 지환성, 박정호, 명세훈, 송영선, 이수정, 유효재, 배승은, 장서하, 이우준, 2019, 『한반도의 바닷물고기』, 도서출판한글.

김한주, 박정호, 권대현, 김영혜, 2020, "한국 제주도 주변해역에 서식하는 갈치 (*Trichiurus japonicus*)의 산란 생태", 『한국수산과학회지』 53(1) : 1-8.

박차수, 이동우, 황강석, 2002, "한국 연근해 갈치, *Trichiurus lepturus*의 분포와 회유", 『한국수산자원학회지』 5 : 1-11.

양상근, 이종문, 이종하, 안철민, 김경민, 1997, "옥돔, *Branchiostegus japonicus*의 생식주기", 『국립수산과학원 연구보고』 53 : 73-79.

최정권, 김한준, 박창범, 이치훈, 송영보, 이경준, 여인규, 이정의, 장대수, 하동수, 이영돈, 2004, "옥돔 *Branchiostegus japonicus*의 생식주기와 성 특성", 『한국어류학회지』 16(4) : 282-294.

한송헌, 김맹진 & 송춘복, 2014, "한국산 바리과(family Serranidae) 어류 1 미기록종, *Epinephelus radiatu*", 『한국어류학회지』 26(2) : 143-146.

국립수산과학원 https://nifs.go.kr

제주특별자치도 해양수산연구원 https://jeju.go.kr

해양수산해외산업정보포털 https://kmi.re.kr

Lee, D.Y. and Lee, T.Y. 1987. Studies on the reproductive cycle of damselfish, *Chromis notatus* (Temminck et Schlegel). Bull. Korean Fish. Soc 20(6) : 509-519.

Lee, S.J. and Kim, J.K. 2014. Identification of Trichiurus (Pisces:Trichiuridae) Eggs and Larvae from Korea, with a Taxonomic Note. Fish Aquat Sci 17 : 137-143.

Rimmer, M.A. and Glamuzina, B. 2019. A review of grouper (Family Serranidae: Subfamily Epinephelinae) aquaculture from a sustainability science perspective. Rev Aquac 11:58-87.

Yokota, T., Masuda, R., Takeuchi, H., Arai, N. 2016. Development of diel activity and burrowing behavior in hatchery-reared red tilefish, *Branchiostegus japonicus*, juveniles. Aquaculture Science, 64(2) : 147-155.

Research FishBase http://fishbase.org/

제주의 바다

초판인쇄 2024년 2월 29일
초판발행 2024년 2월 29일

지은이 정광중, 강만익, 고은희, 강원식
         강수경, 홍현기, 김병훈, 현지연
펴낸이 채종준
펴낸곳 한국학술정보(주)
주 소 경기도 파주시 회동길 230(문발동)
전 화 031-908-3181(대표)
팩 스 031-908-3189
홈페이지 http://ebook.kstudy.com
E-mail 출판사업부 publish@kstudy.com
등 록 제일산-115호(2000. 6. 19)

ISBN 979-11-7217-168-1 93380